요즘 어린이 **맞춤법**

글 강지혜 | **그림** 유영근

펴낸날 2022년 2월 17일 초판 1쇄, 2023년 12월 20일 초판 4쇄
펴낸이 이재성 | **기획·편집** 고성윤, 오정훈 | **디자인** 이원자 | **영업·마케팅** 황형석, 김미랑
펴낸곳 루크하우스 | **주소** 서울시 서초구 사임당로 50 해양빌딩 504호
전화 02)468-5057 | **팩스** 02)468-5051 | **출판등록** 2010년 12월 15일 제2020-203호
www.lukhouse.com cafe.naver.com/lukhouse

ⓒ 강지혜, (주)루크하우스 2022
저작권자의 동의 없이 무단 복제 및 전재를 금합니다.

ISBN 979-11-5568-516-7 74700
ISBN 979-11-5568-515-0 (세트)

※ 잘못된 책은 구입처에서 바꾸어 드립니다.
※ 값은 뒤표지에 있습니다.

상상의집은 (주)루크하우스의 아동출판 브랜드입니다.

차례

등장인물 ················· 8

인물 관계도 ··············· 9

프롤로그 받아쓰기 10점 이루아 ······ 10

1. 어떡해 vs 어떻해 ········· 14
2. 왠지 vs 웬지 ············ 16
3. 얼마큼 vs 얼만큼 ········· 18
4. 건드리다 vs 건들이다 ······ 20
5. 목걸이 vs 목거리 ········· 22
6. 깨끗이 vs 깨끗히 ········· 24
7. 이따가 vs 있다가 ········· 26
8. 며칠 vs 몇일 ············ 28
9. 낫다 vs 낳다 ············ 30
10. 오랜만 vs 오랫만 ········ 32
11. 베개 vs 베게 ············ 34
12. 창피하다 vs 챙피하다 ····· 36
13. 방귀 vs 방구 ············ 36
14. 존댓말 vs 존대말 ········ 38

15. 귀엽다 vs 기엽다 ········ 40
16. 일부러 vs 일부로 ········ 42
17. 돼 vs 되 ················ 44
18. 요새 vs 요세 ············ 46
19. 금세 vs 금새 ············ 46
20. -게 vs -께 ············· 48

맞춤법왕 Lv.1 의문의 그림자 ······ 50

21. 폭발 vs 폭팔 ············ 52
22. 찌개 vs 찌게 ············ 54
23. 가리키다 vs 가르치다 ····· 56
24. 부치다 vs 붙이다 ········ 58
25. 유월 vs 육월 ············ 60
26. 시월 vs 십월 ············ 60

27. 곰곰이 vs 곰곰히 ·········· 62
28. 거야 vs 꺼야 ·········· 64
29. 도대체 vs 도데체 ·········· 66
30. 눈살 vs 눈쌀 ·········· 68
31. 수군수군 vs 수근수근 ·········· 68
32. 싫증 vs 실증 ·········· 70
33. 장래 희망 vs 장례 희망 ·········· 72
34. 연예인 vs 연애인 ·········· 74
35. 산봉우리 vs 산봉오리 ·········· 76
36. 꽃봉오리 vs 꽃봉우리 ·········· 76
37. 귀띔 vs 귀뜸 ·········· 78
38. 봬요 vs 뵈요 ·········· 80
39. 거꾸로 vs 꺼꾸로 ·········· 82
40. 어이없다 vs 어의없다 ·········· 84

맞춤법왕 Lv. 2 세기의 라이벌 ·········· 86

41. 설거지 vs 설겆이 ·········· 88
42. 제대로 vs 재대로 ·········· 90
43. 빈털터리 vs 빈털털이 ·········· 92
44. 등굣길 vs 등교길 ·········· 94
45. 숟가락 vs 숫가락 ·········· 96
46. 젓가락 vs 젇가락 ·········· 96
47. 잠그다 vs 잠구다 ·········· 98
48. 움츠리다 vs 움추리다 ·········· 100
49. 재작년 vs 제작년 ·········· 102
50. 헷갈리다 vs 헛갈리다 ·········· 104
51. -쟁이 vs -장이 ·········· 106
52. 돌하르방 vs 돌하루방 ·········· 108

53. 자장면 vs 짜장면 ………… 110	65. 쩨쩨하다 vs 째째하다 ……… 134
54. 곱빼기 vs 곱배기 ………… 110	66. 멋쩍다 vs 멋적다 …………… 136
55. 하마터면 vs 하마트면 ……… 112	67. 왜 vs 외 …………………… 138
56. 가게 vs 가개 ………………… 114	68. 내 거 vs 내 꺼 ……………… 140
57. 안 해 vs 않 해 ……………… 116	69. 구시렁거리다 vs 궁시렁거리다 ……… 142
58. 얘기 vs 예기 ………………… 118	70. -로서 vs -로써 …………… 144
59. 까닭 vs 까닥 ………………… 120	71. 맞히다 vs 맞추다 ………… 146
60. 되게 vs 디게 ………………… 122	72. 횟수 vs 회수 ……………… 148
 몰랐던 이야기 …… 124	73. 치고받다 vs 치고박다 …… 150
61. 잊어버리다 vs 잃어버리다 … 126	74. 그러든지 말든지 vs 그러던지 말던지 ……… 152
62. 빌려 vs 빌러 ………………… 128	75. 부기 vs 붓기 ……………… 154
63. 발자국 vs 발자욱 …………… 130	76. 간질이다 vs 간지르다 …… 156
64. 바람 vs 바램 ………………… 132	77. 역할 vs 역활 ……………… 158

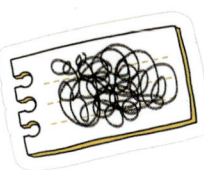

78. 들르다 vs 들리다 ·········· 160
79. 아기 vs 애기 ·············· 162
80. 대가 vs 댓가 ·············· 164
맞춤법왕 Lv. 4 결전의 날 ·········· 166

81. 날아가다 vs 날라가다 ······ 168
82. 가만히 vs 가만이 ·········· 170
83. 늘리다 vs 늘이다 ·········· 172
84. 깍두기 vs 깍뚜기 ·········· 174
85. 떡볶이 vs 떡볶기 ·········· 174
86. 핼쑥하다 vs 헬쑥하다 ······ 176
87. 눈곱 vs 눈꼽 ·············· 178
88. 세계 vs 세게 ·············· 180
89. 일일이 vs 일일히 ·········· 182

90. 무난하다 vs 문안하다 ······ 184
91. 굳이 vs 구지 ·············· 186
92. 틀리다 vs 다르다 ·········· 188
93. 움큼 vs 웅큼 ·············· 190
94. 통째로 vs 통채로 ·········· 190
95. 주워 vs 주어 ·············· 192
96. 걸음걸이 vs 걸음거리 ······ 194
97. 꺼림직하다 vs 거림직하다 ·· 196
98. 처지다 vs 쳐지다 ·········· 198
99. 넓적하다 vs 넙적하다 ······ 200
100. 희한하다 vs 희안하다 ····· 202
맞춤법왕 Lv. 5 봄바람이 살랑살랑 ···· 204

헷갈리는 우리말,
재미있는 톡톡과 만화로
배워 보자고!

등장인물

루아

빛나초등학교 **말싸움 대장**
& 4학년 1반의 **분위기 메이커**

목소리가 크고 말을 잘하지만 맞춤법 실력은 엉망이다. 혼자만 알고 있던 받아쓰기 점수가 세상에 공개된 순간, 루아는 다짐했다. 범인을 잡아서 코를 납작하게 만들어 주겠다고!

민준

루아의 오랜 친구. 루아를 도와 받아쓰기 점수를 소문낸 범인을 찾는다.

유진

루아와 같은 반 친구. 독서를 좋아하고, 맞춤법을 잘 안다.

시후

같은 유치원을 다녔던 루아의 첫사랑. 수줍음이 많고 조용한 성격이다.

인물 관계도

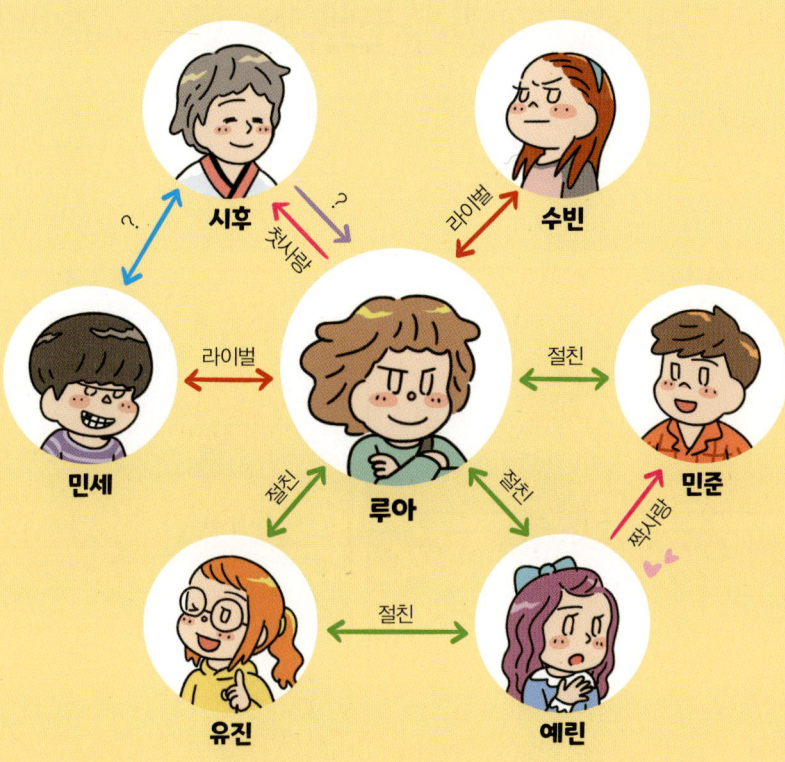

루아네 가족

받아쓰기 10점 이루아

1

어떡해 VS 어떻해

#숨기고_싶은_비밀 #온_세상에_퍼지다

♥ 우리 가족 ♥ 👤 4

로운
엄마 아빠, 큰일 났어!

엄마
무슨 일이야? 😦

로운
내 친구들도 루아 맞춤법이 엉망인 걸 알아!

화장실 낙서를 읽었나 봐.

아빠
아이고, 우리 딸 어쩌면 좋아. 😭

루아
오빠, 여기에 말하면 어떻해! 😡

로운
어떻해가 아니라 어떡해 같은데?

아빠
로운이 말이 맞아.

우리 딸 진짜 공부 좀 해야겠는걸?

루아
이로운 두고 봐.

엄마
루아야, 모르는 건 부끄러운 일이 아니야.

공부할 수 있는데 안 하는 게 부끄러운 거지.

 로운
엄마 말은 항상 명언이야! 👍

루아
분하다, 분해!

쉿! 루아의 마음 일기

이로운은 진짜 나쁘다. 엄마 아빠에게 톡톡으로 다 말하다니! 나는 열한 살이다. 맞춤법 좀 틀릴 수 있지 않나? 요즘은 프로그램을 이용하면 틀린 맞춤법을 쉽게 알 수 있다. 이런 좋은 세상에 힘들게 공부할 필요가 있을까? 정말 답답하다!

똑똑 맞춤법

어떡해는 '어떻게 해'가 줄어든 말이에요. 주로 문장 가장 마지막에 들어가요. 어떡해는 변형되어 '어떡하다, 어떡하면, 어떡하든' 등으로 쓰여요. 어떻해는 세상에 없는 말이에요.

🔖 달리기를 하다가 넘어지면 어떡해?

🔖 안 쓰는 장난감은 어떡하면 좋을까?

2. 왠지 VS 웬지

#세상에서_가장_귀찮고_싫은_일 #글짓기

유진 2

유진: 다음 달부터 우리 글짓기 학원 다닌다며?

루아: 내가? 누가 그래?

유진: 오늘 너희 아빠가 학원에 상담받으러 오셨어.

루아: 으악! **웬지** 그럴 것 같았어.
맞춤법 실력을 기르려면
책을 읽고 글을 써야 한다고 아빠가 말했거든.

유진: **웬지**가 아니고 **왠지**야!

루아: 그게 뭐? 나 지금 심각해.
내가 글짓기를 얼마나 싫어하는데!

유진: 잘 알고 있지.

> 루아
> 알면서 그러다니!

> 유진
> 틀린 맞춤법을 보면
> 나도 모르게 손가락이 움직이는 걸 어떡해. 😛

> 루아
> 너 오늘따라 왠지 더 얄밉다?
> 아무튼 나는 글짓기 싫어!

쉿! 루아의 마음 일기

이럴 수가! 다음 달부터 글짓기 학원에 다니게 생겼다. 나도 모르는 사이에 학원 상담이 진행되다니. 이럴 때는 내가 아직 어린이라는 사실이 슬프다. 다음 달이 오기 전까지 학원에 가지 않을 방법을 꼭 찾아내고 말 것이다!

 똑똑 맞춤법

왠지는 '왜인지'가 줄어든 말이에요. '이유가 없이, 왜 그런지 모르게'라는 의미지요. 웬지는 세상에 없는 말이에요. 하지만 '웬'은 있어요. '어찌 된, 어떠한'이라는 뜻이지요. 그래서 '웬일, 웬 사람, 웬 것' 등으로 쓸 수 있어요.

🔖 오늘은 왠지 밤에 비가 올 것 같아.

🔖 왠지 엄마의 표정이 안 좋아서 마음이 불안해.

3. 얼마큼 VS 얼만큼

#나는_할머니의_귀여운_강아지 #멍멍!

외할머니 👥 2

외할머니
루아야!

우리 강아지, 잘 지내지?

루아
할머니, 나 요즘 속상해.

엄마가 자꾸 공부시켜서 힘들어.

외할머니
무슨 공부?

루아는 건강하게만 자라면 돼.

할머니한테 다 이야기해 봐.

루아
맞춤법 공부 중인데 너무 하기 싫어.

난 책상에 10분만 앉아 있어도 오줌 마려운데…….

내가 **얼만큼** 힘든지 아무도 몰라줘!

외할머니
할머니는 우리 강아지가 **얼마큼** 힘든지 알아요.

얼마큼!

루아

역시 할머니밖에 없어!

외할머니
우리 강아지, 파이팅!
할머니가 응원할게.

쉿! 루아의 마음 일기

할머니는 무조건 내 편이다. 다들 나한테 이래라저래라 하는데 할머니는 그러지 않으신다. 그런데 다시 톡톡을 읽어 보니 할머니도 내 맞춤법을 지적하신 것 같다. 분명 알고 있는 말인데....... 왠지 톡톡으로 대화하면 더 틀린다. 왜 그럴까? 귀찮아서? 급하게 쓰느라? 어쩌면 내가 정말 맞춤법을 잘 몰라서 그럴지도 모른다.
(이건 아주 솔직한 마음이다.)

똑똑 맞춤법

얼마큼과 얼만큼은 발음이 비슷해서 헷갈리기 쉬워요. 하지만 얼마큼이 맞는 말이에요. '얼마만큼'이 줄어들어 얼마큼이 되었지요. 정도가 얼마나 되는지를 표현하는 뜻인 만큼 '얼마'가 들어간 얼마큼을 써야 해요.

🔖 물을 얼마큼 마시면 좋을까?
🔖 사랑 고백 편지에는 내가 상대를 얼마큼 좋아하는지 꼭 써야 해.

4. 건드리다 VS 건들이다

#잠자는_사자의_코털 #말싸움_대장의_위기

★ 4-1 친구들 ★ 👤 10

예린: 루아야, 화장실 낙서 범인 찾았어?

현호: 네가 1학년 때 받아쓰기 0점이었다는 소문도 돌아.

루아: 뭐? 나 0점은 아니었거든! 😠

유진: 0점이나 10점이나. 😛

루아: 채유진! 너 내 친구 맞아?
네가 범인이지?

유진: 난 아니야. 알면서!

예린: 내가 범인 찾는 거 도와줄게.

루아: 감히 잠자는 사자,
아니 말싸움 대장의 코털을 건들이다니!

유진
건드리다거든!

너 이제 말싸움도 못하는 거 아니야?

루아

말싸움 실력은 그대로거든?

맞춤법 틀릴 수도 있지!

왜 요즘 다들 나만 건드려!

쉿! 루아의 마음 일기

다 밉다. 하굣길에는 2학년 여자아이가 나한테 "언니 진짜 받아쓰기 0점 맞았어요?"라고 물었다. 평소 같으면 또박또박 따져서 눈물 쏙 빠지게 했을 텐데, 이번엔 얼굴만 빨개지고 아무 말도 못했다. 말싸움 대장이라는 내 별명에 내가 먹칠을 하다니! 이게 다 그 화장실 낙서 때문이다. 누군지 잡히기만 해 봐!

 똑똑 맞춤법

건드리다는 '손으로 무언가를 살짝 만지다'라는 의미예요. 말이나 행동으로 누군가의 마음을 상하게 할 때도 쓰여요. 건드리다의 줄임말은 '건들다'예요. 건들이다는 없는 말이니 헷갈리지 말아요.

- 가을바람이 불어와 코스모스 꽃잎을 살짝 건드렸다.
- 친구의 농담이 내 마음을 건드려서 속상했다.

5 목걸이 VS 목거리

#이로운의_실수 #백전백승_새로운_말싸움_비법

로운 2

로운
이루아, 너 내 변신 로봇 만졌어?

루아
응!
다리가 아파 보여서 내가 눕혀 줬지. 😈

로운
왜 내 물건을 허락도 없이 만져?

루아
이로운이 하는 행동이
마음에 안 들어서 복수 좀 했다! 왜?

로운
오빠라고 안 불러? 😡
내가 너보다 두 살 많거든?
나도 네가 아끼는 **목거리** 가져갈 거야.

루아
목거리?
목걸이 아니야?

로운
급하게 써서 실수한 거야.
나도 **목걸이** 알아!

루아
얼레리꼴레리, 이로운은 **목걸이**도 모른대요! 😄

로운
그만하라고! 😫

쉿! 루아의 마음 일기

말싸움에서 이길 수 있는 새로운 방법을 찾았다. 나도 상대방의 틀린 맞춤법을 찾아내는 것이다. 나는 비밀리에 맞춤법 공부를 시작했다. 하품이 나오고 눈이 감겨도 글자를 쓰고 외운다. 그래야 오늘처럼 말싸움에서 이길 수 있으니까!

똑똑 맞춤법

목걸이는 '목에 거는 액세서리'를 말해요. 반면 **목거리**는 '목이 붓고 아픈 병'이에요. 두 단어의 발음은 똑같지만 의미는 완전히 달라요. 그러니 상황에 맞게 써야 해요.

▸ 내 **목걸이**에는 반짝이는 초록색 구슬이 달려 있다.

▸ **목거리**에 걸려서 목이 따끔했다.

6. 깨끗이 VS 깨끗히

#잔소리에는_잠수가_최고 #꼬르륵

♥ 우리 가족 ♥ 👤 4

엄마
어제 과자 부스러기 흘리고
안 치운 사람 누구야?

로운
보나 마나 이루아?

루아
치운다는 걸 깜빡했어.
다음부터는 **깨끗히** 치울게!

로운
역시 이루아가 범인이었군.
여기서 퀴즈! 🤓
깨끗히가 맞을까? **깨끗이**가 맞을까?

루아
깨끗히? 아니다, **깨끗이**!

로운
다시 퀴즈! 🤓
이루아는 어제 과자를 먹고 이를 닦았을까, 안 닦았을까?

아빠
아이고, 우리 딸!

자기 전에는 이를 **깨끗이** 닦아야지.

엄마
과자 부스러기도 **깨끗이** 치우고!

루아
이럴 때는 다들 한마음 한뜻이야.

난 이만 잠수 탈래. 꼬르륵. 😢

루아의 마음 일기

요즘 오빠가 이상하다. 평소에 나보다 책을 많이 읽긴 했지만, 요새는 어쩐 일인지 더 열심이다. 왜 그러냐고 물었더니 대답이 글쎄! 나한테 말꼬투리 잡히지 않기 위해서란다. 그래서 나도 부랴부랴 동화책 한 권을 읽고 잤다.

똑똑 맞춤법

깨끗이는 '물건이나 주변이 잘 정돈되어 더럽지 않다'라는 뜻이에요. **깨끗이**는 문장 마지막에 '깨끗하다'로 쓸 수 있어요. **깨끗히**는 틀린 맞춤법이에요.

▸ 나는 책상을 **깨끗이** 치운 다음에 공부할 거야.

▸ 온 가족이 함께 식탁을 **깨끗이** 정리했어.

7. 이따가 VS 있다가

#엄마의_병_주고_약_주기 #피자_마법

엄마 2

엄마

루아야, 아직 엄마한테 화났어?
말 걸어도 대답도 잘 안 하고.
맞춤법 공부하라고 너무 스트레스를 주었나?
마음 상했다면 엄마가 미안해.

루아
화가 안 났다고는 할 수 없지.
정말 미안하면
있다가 아니, 이따가 피자 시켜 줘.

엄마

우리 딸, 이제 맞춤법 잘 아네.
피자 먹고 싶었어? 🙂

루아
응! 햄 들어간 피자!

엄마

알았어, 시켜 줄게.
그럼 화 푸는 건가?

루아

그건 **이따가** 피자 먹으면서 생각해 볼게!

콜라도 시켜 줄 거지?

엄마

물론이지. 엄마는 루아랑 꼭 화해하고 싶거든.

루아의 마음 일기

    화요일에 엄마랑 싸웠다. 엄마가 갑자기 받아쓰기 시험을 보자고 했기 때문이다. 점수는 55점⋯⋯. 낮은 점수를 보자 안 좋았던 기분이 더 안 좋아졌다. 엄마는 나를 위로해 주셨다. 마침 이런 속담이 머릿속을 스쳤다. 병 주고 약 준다! 그래도 엄마가 먼저 화해하자고 말해 줘서 기뻤다. 따끈따끈한 피자와 톡톡 쏘는 콜라도 너무 맛있었다!

 똑똑 맞춤법

이따가와 **있다가**는 발음이 비슷하지만 뜻은 달라요. **이따가**는 '조금 지난 뒤에', **있다가**는 '어떤 장소에 머무르다가 이동하다'라는 의미예요.

▪ **이따가** 우리 집에 가서 보드게임 할래?

▪ 할머니네에 **있다가** 마트로 장을 보러 갔어.

8 며칠 VS 몇일

#내_생일을_맞혀_봐 #찝찝한_파티_초대장

★ 4-1 친구들 ★ 👤 10

예린
다들 내 생일 언제인지 알지?

도현
언젠데? 😮

루아
당연히 알지! **몇일** 뒤잖아.

나를 뭘로 보고!

미주
몇일이 아니라······.

루아
아니야? 그럼 몇 월 **몇일**인데?

현호
며칠 뒤 맞아. 이번 주 금요일!

예린
딩동댕!

그날 시간 되는 사람 우리 집으로 모여!

미주
우아, 생일 파티 하는 거야?

예린
응. 내 생일 파티에 모두 초대할게! ♥

 루아의 마음 일기

반 친구들과 톡톡으로 대화를 나누는데 뭔가 이상했다. 알고 보니 미주가 내 맞춤법이 틀렸다고 말한 것이다. 다들 겉으로 말은 안 하지만 내가 맞춤법을 잘 모른다고 생각하겠지? 부끄럽다. 하지만 이럴 때일수록 정신 차려야 한다. 엄마가 이런 말을 해 준 적이 있다. 모르는 건 부끄러운 게 아니다! 모르면 알려 달라고 하자!

 똑똑 맞춤법

'몇'은 많지 않은 숫자를 가리키는 말이에요. 그래서 '몇 명, 몇 개, 몇 월, 몇 달' 등으로 쓰여요. 하지만 날을 세는 단위인 '일' 앞에는 붙지 않아요. 그래서 **몇일**과 **몇 일**은 모두 틀린 말이에요. 언제나 **며칠**로 쓰면 돼요.

▌오늘이 몇 월 **며칠**이지?

▌새 학기가 되면 **며칠** 동안은 친구들과 어색해.

9　낫다 VS 낳다

#우리_외할머니의_과거　#똑똑한_국어_선생님

외할머니 2

루아
할머니, 나 요새 맞춤법 공부 열심히 하고 있어!

외할머니
정말?

루아
요즘은 내가 오빠보다 훨씬 **낳아**!

외할머니
루아야, 할머니가 뭐 하나 알려 줄까?
할머니는 예전에 고등학교 국어 선생님이었어.

루아
진짜? 처음 알았어! 😮

외할머니
그래서 말인데
로운이보다 루아가 **나을까**? **낳을까**?

루아
낳다는 동물이 새끼를 **낳을** 때 쓰는 거잖아.
헉, 내가 아까 틀렸구나! 😰

외할머니
우리 강아지, 틀린 것도 금방 알아차리네? 😊

아주 똑똑해!

루아
어때, 할머니?

내가 오빠보다 훨씬 낫지?

쉿! 루아의 마음 일기

어제는 책을 두 권이나 보았다. 물론 동화책이 아니라 만화책이었다. 히히. 그래도 맞춤법 공부를 위해 모든 대사를 꼼꼼히 그리고 열심히 읽었다. 요즘 나는 조금 달라졌다. 틀린 맞춤법을 쓰면, 틀린 것 같다는 생각이 바로 든다. 이렇게나 빨리 똑똑해지다니! 나는 사실 천재가 아닐까?

 똑똑 맞춤법

낫다는 '더 좋거나 앞서 있다, 병이나 상처가 고쳐져 원래대로 되다'라는 뜻을 가지고 있어요. 낳다는 '배 속의 아이나 새끼, 알 등을 몸 밖으로 내놓다'라는 뜻이에요.

- 꼴찌가 되더라도 결승선까지 달리는 게 낫다.
- 감기는 잘 낫는 만큼 자주 걸린다.
- 우리 집 열대어 구피가 새끼를 다섯 마리 낳았다.

10 오랜만 VS 오랫만

#태권도장에_나타난_아이 #나의_첫사랑

민준 2

민준
너 혹시 강시후 기억해?

루아
강시후?
당연히 기억하지! 같은 유치원 다녔잖아.

민준
아까 태권도장에서 강시후를 본 것 같아.

루아
진짜? 너무 **오랫만**이다.
시후가 유치원을 옮긴 뒤로 한 번도 못 봤는데.
정말 시후가 맞을까?

민준
아니야, 아니야!

루아
뭐가 아니야? 지금 나 놀려?

민준
오랫만이 아니라 **오랜만**이라고.

> 루아
> 강시후 이름을 너무 오랜만에 들어서 실수한 거야!
> 그럴 수도 있지.

민준

> 과연 그 이유 때문일까?
> 나는 이루아가 긴장한 이유를 알지. 😛

쉿! 루아의 마음 일기

민준이는 유치원 때부터 나랑 엄청 친한 친구다. 심지어 지금도 같은 반이다. 나는 민준이의 말을 듣고 머릿속이 하얀 도화지처럼 변했다. 나는 유치원을 다닐 때 강시후를 좋아했다. 그래서 괜히 못살게 군 적도 있다. 나중에야 '잘해 줄걸' 하고 후회가 들었다. 정말로 시후가 돌아왔을까? 만약 그렇다면 내 첫사랑을 이룰 기회가 찾아온 것이다!

똑똑 맞춤법

오랜만은 '오래간만'이 줄어든 말로 '어떤 일이 있고 나서 긴 시간이 지난 뒤'를 말해요. 오랜만과 오랫만은 발음이 비슷해서 구별하기 어려워요. 그럴 땐 없는 단어인 '오랫간만'을 발음해 보아요. 발음이 어색하지요?

▸ 오랜만에 삼겹살을 먹었다.

▸ 사촌 언니를 오랜만에 만났더니 못 알아볼 뻔했다.

11

베개 VS 베게

#우리는_캠핑_가족   #잠자리_아이템_챙기기

♥ 우리 가족 ♥ 👤 4

루아
심심해!

아빠
그럼 이번 주말에 캠핑 갈까?

로운
좋아! 가서 고기랑 마시멜로 구워 먹을래!

엄마
엄마도 좋아!

루아
자고 오는 거야?
그러면 내 **베게**도 챙겨 가야지!
난 내 **베게** 아니면 잠이 안 와.

엄마
음…….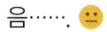

아빠
흐음…….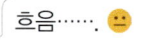

로운
흐으으음……. 😐

34

루아
아, 베개! 베개가 맞지?

아빠
정답! 그럼 이번 주말에
텐트에서 하룻밤 자고 오는 거다?

루아
좋아, 가는 거야! 😊

루아의 마음 일기

캠핑장에서 파릇파릇한 나무와 알록달록한 꽃을 볼 생각하니 벌써 기분이 좋다. 게다가 내가 사랑하는 우리 가족과 바비큐 파티도 할 수 있고! 요즘은 내가 맞춤법이 틀려도 가족들이 천천히 기다려 준다. 오빠도 내가 정답을 말할 때까지 참는다. 그래서 가끔 오빠 대우를 해 주기로 했다.

 똑똑 맞춤법

베개는 '잠을 자거나 누울 때 머리 밑을 받치는 물건'을 말해요. 무언가를 머리에 받칠 때 '베다'라고 표현하는 걸 생각하면 헷갈리지 않을 거예요. 베게는 틀린 말이에요.

🚩 친구들과 베개 싸움을 했다.
🚩 우리 집 강아지 코코는 내 무릎을 베고 잔다.

12 창피하다 vs 챙피하다
13 방귀 vs 방구

🔍 #남을_헐뜯는_소문은_싫어 #우리는_방귀_친구

예린 👤 2

예린
루아야, 너 요즘 왜 나랑 안 놀아?
내가 **챙피해서** 그래? 😭

루아
무슨 소리야?
그리고 **챙피**가 아니라 **창피**야…….

예린
너한테 맞춤법 지적을 듣다니. 😭
내가 체육 시간에 **방구** 뀐 게 소문났나 봐.
그래서 다들 나만 보면 **방구** 냄새 난다고 놀려.

루아
난 처음 듣는데?
그런데 **방구**가 아니라 **방귀** 같지 않아? 😄

예린
그래? 어쨌든 맞춤법 몰라서 **창피하다**.

> 루아
> 우리 고구마 먹고 애들 앞에서 방귀 뀌자.
> 내가 내 방귀 뀌겠다는데
> 다들 무슨 상관이람!

쉿! 루아의 마음 일기

사실 나는 예린이의 방귀 사건을 알고 있었다. 그냥 모르는 척했다. 안 좋은 소문이 퍼지면 마음이 얼마나 힘든지 누구보다 잘 아니까. 예린이는 고맙다며 내가 맞춤법 천재가 되었다는 소문을 내 주겠다고 했다. 어떡하지? 예린이가 더 좋아졌다.

똑똑 맞춤법

창피하다는 '체면이 깎이거나 불쾌한 일을 당해서 부끄럽다'라는 뜻이에요. '챙피'는 없는 말이니 챙피하다도 틀린 맞춤법이겠죠?

▪ 달리기를 하다가 넘어져서 창피했어.
▪ 나는 모르는 영어 단어가 나와도 창피하지 않아!

방귀는 '음식물이 소화되면서 항문으로 나오는 기체'를 말해요. 방구는 틀린 맞춤법이에요.

▪ '방귀 뀐 사람이 성낸다'라는 속담이 있어.
▪ 고구마를 먹으면 왜 방귀가 많이 나올까?

14 존댓말 VS 존대말

#슬기로운_남매_생활 #오빠_놀리기

로운 👤 2

루아
오빠, 요즘 우리 너무 사이좋은 것 같아.

로운
그래서 심심하다고?

루아
조금? 그래서 말인데 우리 게임할래?

로운
너한테 유리한 게임이라면 사절이야.

루아
맞춤법 틀리는 사람이 상대방한테 존댓말 하기!
어때?

로운
내가 너보다 두 살 많거든?
원래 네가 나한테 존대말 해야 하는 거야!

루아
근데 어떡하지?
이미 오빠는 졌어.
존댓말이 맞는 말이거든.

로운
뭐야, 일부러 나를 함정에 빠트렸지?

루아
이제부터 누나 이루아에게 존댓말을 쓰도록.

로운
절대 싫어!

루아
깔깔깔!

루아의 마음 일기

가끔 미울 때도 있지만, 나는 오빠가 좋다. 우리는 싸워도 다음 날에는 꼭 화해하는 규칙을 가지고 있다. 처음에는 오빠가 나의 틀린 맞춤법을 놀렸지만, 이제는 내 차례가 온 것 같다. 오늘처럼 오빠를 놀려 주기 위해서 맞춤법 공부를 더 열심히 해야겠다!

똑똑 맞춤법

'존대'는 '누군가를 존경하여 높이 대하는 것'이에요. '존대'에 '-말'이 붙으면 사이시옷이 생겨 존댓말이 되지요. 존댓말은 '어른을 높일 때 쓰는 말'이에요. '밥'은 '진지', '만나다'는 '뵙다', '주다'는 '드리다' 등으로 표현하지요. 존대말은 틀린 맞춤법이에요.

▶ **처음 보는 사람에게는 예의 바르게 존댓말을 쓴다.**
▶ **어른도 어린이에게 존댓말을 쓸 때가 있다.**

15 귀엽다 VS 기엽다

#내가_존경하는_이모 #길고양이_뚜뚜의_등장

이모 2

 이모
루아야, 내일 이모네 놀러 올래?
이모가 길고양이를 입양했거든.

루아
응, 놀러 갈래!
너무 기엽다!

 이모
너무 귀엽지?
이름은 뚜뚜야.

루아
뚜뚜? 이름도 기엽다! 😍

이모
기여운 게 아니라 귀여운 것 같지 않아?

루아
앗, 분명 알고 있는 말인데!

이모
우리 조카, 귀여워서 봐준다.
내일 학교 끝나면 꼭 놀러 와! 😘

루아의 마음 일기

　이모는 길고양이를 사랑한다. 내가 고양이라면 이모가 천사처럼 보일 거다. 나는 어렸을 때 고양이를 무서워했다. 눈과 귀, 발톱이 전부 뾰족해서 꼭 찔릴 것 같았다. 하지만 이모 덕분에 고양이가 얼마나 사랑스러운지 알게 되었다. 내일 꼭 이모가 입양한 고양이를 만나러 가야지. 뚜뚜라는 이름도 마음에 쏙 든다!

 똑똑 맞춤법

귀엽다는 '예쁘거나 애교가 있어서 사랑스럽다'라는 표현이에요. **기엽다**는 틀린 말이에요.

▪ 이번에 태어난 사촌 동생은 정말 **귀엽다**.
▪ 생일 선물로 **귀여운** 아기 코끼리 인형을 받았다.

16 일부러 VS 일부로

#다시_나타난_첫사랑 #아직_맞춤법은_어려워

유진 2

유진: 루아야!
나 방금 강시후 만났어.

루아: 진짜?
민준이도 며칠 전에 태권도장에서 봤대.

유진: 우리 글짓기 학원 아래층이 태권도장이잖아.
근데 나를 **일부러** 모르는 척하던데?

루아: **일부로**? 말도 안 돼!
너도 유치원 같은 반이었잖아.

유진: 그러니까 말이야.
내가 큰 소리로 인사했는데.

루아: 이상하다. 시후가 **일부로** 그럴 리 없는데…….

유진
그런데 너 일부러 맞춤법 틀리는 거야?

요즘 공부하고 있다며!

루아
아, 일부러가 맞나?

이건 아직 안 배웠거든.

아무튼 내 생각엔 시후가 널 알아보지 못한 것 같아.

루아의 마음 일기

　글짓기 학원을 다닐지 말지 고민 중이었는데, 다니기로 결정했다. 학원을 오가다 강시후를 만나게 될지도 모르니까! (태권도장을 다니는 건 너무 속 보인다.) 시후는 어떻게 변했을까? 옛날엔 나보다 키도 작고, 목소리도 작았는데…… 시후가 내 인사를 정답게 받아 주면 좋겠다.

 똑똑 맞춤법

일부러는 '어떤 목적이나 생각을 가지고 행동하다, 알면서도 마음을 숨기다'라는 뜻이에요. 일부로는 틀린 맞춤법이에요.

- 나는 장난감을 사기 위해 일부러 큰 문구점으로 갔다.
- 아빠는 내 거짓말을 알고도 일부러 모르는 척하셨다.

17 돼 VS 되

#치킨집_사장의_꿈 #하고_싶은_거_다_해

♥ 우리 가족 ♥ 👤 4

루아
> 아빠, 나 이따가 치킨 사 주면 안 돼?

아빠
> 당연히 돼! 후라이드 반 양념 반? 🙂

루아
> 돼? 돼랑 되는 너무 헷갈려.
> 봐도 봐도 어려워!

로운
> 인정! 이럴 땐 세종 대왕이 되고 싶어.

루아
> 나는 치킨집 사장이 되고 싶어.
> 맨날 치킨 먹을 수 있잖아!

엄마
> 루아에게 꿈이 있다니
> 엄마는 너무 기쁘다.
> 우리 딸 하고 싶은 거 다 해.
> 응원할게! ❤

로운
그러면 나는 세종 대왕 말고
아이돌 매니저 할래!

루아
안 돼. 아이돌이 오빠를 싫어할 거야.
오빠는 맨날 늦잠 자니까! 😌

쉿! 루아의 마음 일기

약속대로 아빠가 치킨을 사 오셨다. 오랜만에 엄마도 일찍 퇴근하셔서 저녁 시간이 북적북적했다. 이제 나는 화장실 낙서 사건이 별로 생각나지 않는다. 그리고 말싸움도 잘 하지 않는다. 이상하게 재미가 없어졌달까? 일상에 비타민이 필요하다. 얼른 시후를 만나고 싶다!

똑똑 맞춤법

돼는 한 글자 단독으로 쓰일 수 있지만, 되는 한 글자 단독으로는 쓰일 수 없어요. 한 글자 단독 쓰임이 아닐 때 돼는 '되어'가 줄어든 말이에요. 그래서 그 자리에 '되어'를 넣어 보고 말이 되면 돼, 말이 안 되면 되를 써요.

▌구구단 외우기는 잘 돼?

▌여기부터는 나 혼자 가도 돼요.

▌너무 추우면 이불을 덮으면 되잖아.

18 요새 vs 요세
19 금세 vs 금새

#매일_보고_싶은_외할머니 #책_읽기가_재밌어

외할머니 👤 2

루아
할머니, 요세 우리 집에 왜 안 놀러 와?

 외할머니
다음 주에 갈까?
요새 우리 강아지들이 너무 보고 싶어. 😭

루아
요새, 요새! 😣

 외할머니
호호, 우리 루아 금세 눈치챘네?
할머니가 루아 주려고 책 선물도 준비했어.

루아
금세는 금새가 아니구나? 의외다.
무슨 책인데?

 외할머니
요즘 어린이들이 좋아하는 동화책이야.

루아

> 좋아! 나 요새 책 많이 읽어서
> 한 권 정도는 금세 읽을 수 있어.

 루아의 마음 일기

외할머니가 『오 마이 갓! 어쩌다 사춘기』라는 책을 선물로 주셨다. 사춘기를 맞은 남자아이가 나오는 이야기인데 너무 웃겼다. 나는 예전에는 책보다 게임을 더 좋아했다. 하지만 조금씩 책 읽기가 재밌어지기 시작했다. 엄마는 어릴 때 매일 책을 읽다가 잠들었다고 한다. 나도 그러고 싶지만, 밤에는 10초도 안 돼서 하품이 나온다.

 똑똑 맞춤법

요새는 '지금까지의 매우 짧은 동안'이라는 뜻으로 '요사이'가 줄어든 말이에요. '사이'의 'ㅏ'와 'ㅣ'를 합쳐 'ㅐ'가 되었지요. 요세는 틀린 말이에요.

▶ 나는 요새 자주 넘어진다.
▶ 요새는 코로나19 때문에 다들 마스크를 쓰고 다닌다.

금세는 '바로 지금'을 뜻하는 '금시'에 '-에'가 붙은 말이에요. 뒤에 '시에'가 줄어들어 '세'가 되었어요. 금새는 틀린 말이에요.

▶ 강아지 모양 구름이 금세 사라졌다.
▶ 불을 끄니까 금세 잠이 왔다.

20. -게 VS -께

#말싸움_대장을_찾습니다 #그건_바로_나

★ 4-1 친구들 ★ 👤 10

미주
루아야, 너 지금도 말싸움 잘하지?

루아
당연하지!

미주
잘됐다.

3반 김민세가 우리 반 욕했대. 😠

루아
뭐라고? 내가 혼쭐내고 올게.

수빈
올께 아니야?

이루아 아직도 맞춤법 엉망이네.

넌 빠져. 내가 갈께.

현호
음, 루아가 맞는 것 같은데? 😐

수빈
말도 안 돼!

유진
우리 반 대표로 싸우러 가는 거니까
맞춤법 맞는 사람이 가는 거 어때?

루아
좋아, 당장 찾아보고 올게!

수빈
나도 찾고 올께!

쉿! 루아의 마음 일기

    나는 후다닥 인터넷 검색창을 열어 누구의 맞춤법이 맞는지 알아보았다. 그리고 동화책도 살펴보았다. 하나같이 다 '-게'로 쓰여 있었다. 그럼 그렇지, 내가 말싸움 대장 자리에 쉽게 오른 게 아니다. 오랜만에 말싸움할 생각을 하니까 벌써 신이 난다.

똑똑 맞춤법

–ㄹ게는 '어떤 행동을 하겠다고 약속하는 말'이에요. 앞에 'ㄹ'이 붙어서 [께]로 발음되지만 올바른 맞춤법은 –게예요. –께는 틀린 맞춤법이에요. 아이도 어른도 자주 헷갈리는 맞춤법이지만, 아래의 예시 하나만 기억해도 실수하지 않을 거예요.

▶ 내가 색종이를 가져갈게.

▶ 밀린 숙제는 오늘 잠자기 전까지 할게요.

# 의문의 그림자

* 만화 속 틀린 맞춤법을 모두 찾아보아요.

21

폭발 폭팔

#두_번째_낙서 #범인은_누구?

민준 2

 민준

이것 좀 봐.

루아
또야? 어디에 생겼어?

 민준
2층 남자 화장실 두 번째 칸에 적혀 있어.

루아
여자 화장실에는 없었는데? 나 **폭팔** 직전!

 민준
폭팔 말고 **폭발**해. 일단 만나자.

루아
안 돼.
나 오늘 3반 김민세랑 말싸움해야 한단 말이야.

민준
지금 그게 중요해?

딱 보니까 화장실 낙서 범인은 남자아이라고!

루아
두 번째 폭팔! 잡히기만 해 봐! 😠

민준
폭발이라고!

쉿! 루아의 마음 일기

화장실 낙서가 또 생겼다. 이번에는 남자 화장실 안에 쓰여 있었다. 나는 사건의 심각성을 깨닫고 김민세 대신 민준이를 만나러 갔다. 민준이는 2층을 사용하는 남자아이가 범인이라고 했다. 듣고 보니 그럴듯했다. 나는 민준이에게 떡볶이를 다섯 번 사 줄 테니 범인을 같이 찾아 달라고 했다. 민준이는 바로 좋다고 했다!

똑똑 맞춤법

폭발에는 여러 가지 뜻이 있어요. '불이 갑자기 터지다, 속에 쌓였던 감정이 한꺼번에 밖으로 나오다, 어떤 사건이나 열기가 갑작스레 퍼지다' 등이지요. 폭팔은 틀린 맞춤법이에요.

🔖 화산 폭발로 마을이 큰 피해를 입었다.

🔖 내 인기가 갑자기 폭발했다.

22 찌개 VS 찌게

#우리_집_요리사 #나는_돈가스_없인_못_살아

♥ 우리 가족 ♥ 👤 4

아빠
저녁 메뉴 추천받을게.
오늘은 아빠가 요리사!

루아
바삭한 돈가스! 😋

로운
부드러운 달걀말이! 🙂

엄마
매콤한 김치**찌게**! 😊

아빠
좋아!
돈가스랑 달걀말이 접수!

엄마
김치**찌게**는 왜 접수 안 해 줘?

루아
그러게.
엄마가 고른 메뉴는?
나도 따뜻한 국물 먹고 싶은데.

아빠
왜일까? 루아가 맞혀 볼래?

루아
아, 김치찌게가 아니라 김치찌개가 맞으니까!

아빠
우리 루아 요즘 맞춤법 천재네?
루아 덕분에 김치찌개도 접수!

쉿! 루아의 마음 일기

　오늘은 아빠가 요리사! 아빠는 돈가스도 튀기고, 달걀말이도 말고, 김치찌개도 끓이셨다. 세 가지 요리를 한꺼번에 만드는 모습이 정말 멋졌다. 회사에서 늦게 퇴근한 엄마는 허겁지겁 저녁을 드셨다. 요즘 엄마는 일이 많아서 바쁘시다. 그래서 살도 빠졌다. 엄마가 아빠가 차린 저녁을 먹고 기운을 내셨으면 좋겠다.

 똑똑 맞춤법

찌개와 찌게는 발음이 똑같아요. 그리고 음식점마다 찌개라고 적혀 있기도, 찌게라고 적혀 있기도 해서 많이 헷갈릴 거예요. 하지만 찌게는 틀린 맞춤법이에요.

📑 나는 순두부찌개를 세상에서 가장 좋아해.

📑 아침에 일어나니까 부엌에서 된장찌개 냄새가 솔솔 났어.

23 가리키다 VS 가르치다

#첫사랑_찾기_대작전 #어디_가면_만날_수_있니?

유진 2

루아
나 내일부터 너희 글짓기 학원 가기로 했어.

유진
헉, 다니기로 결정한 거야?
혹시 강시후 때문에?

루아
그것도 있고…….
말싸움에서 이기려면 공부해야 하니까…….

유진
그러면 그냥 오늘부터 오면 안 돼?
학원 구경하고, 나랑 놀자!
지금 몇 시지?

루아
시계가 4시를 **가르치고** 있어.

유진
가리키고 있겠지!
가르치는 건 다른 데 쓰는 말이고.

루아
> 어우, 헷갈려.

유진
> 우리 학원 독서왕이자 글짓기왕인
> 내가 쉽게 알려 줄게.

루아
> 시계가 4시 30분을 **가리키기** 전에
> 학원으로 출발할게!

쉿! 루아의 마음 일기

　유진이는 우리 반에서 책을 가장 많이 읽는다. 가끔은 5, 6학년 언니 오빠들이 보는 책도 읽는다. 그래서인지 맞춤법을 잘 알고, 글씨도 반듯하게 쓴다. 아무튼 오늘 글짓기 학원에 놀러 갔다 왔다. 유진이랑 놀기 위해 간 거긴 하지만, 강시후를 보지 못해 아쉬웠다.

똑똑 맞춤법

가리키다는 '손가락 등으로 어떤 방향이나 대상을 집어 주다'라는 뜻이에요. 반면 **가르치다**는 '모르는 사실을 누군가에게 알려 주다'라는 뜻이지요. 상황에 어울리는 말을 골라서 써야 해요.

▩ 나침반이 북쪽을 **가리키고** 있다.

▩ 나는 동생에게 치약 짜는 법을 **가르쳐** 주었다.

24 부치다 VS 붙이다

#비_오는_날에는_부침개 #뚜뚜가_보고_싶어

이모 👤 2

이모

많이 컸지? 뚜뚜가 루아 보고 싶대.

루아

이모, 뚜뚜한테 내 사진 보여 줘.

이모
뚜뚜가 보더니 루아 너무 귀엽대.

맞다, 오늘 루아네 맛있는 거 해 먹는다며?

루아
응! 아빠가 부침개를 **붙이고** 있어.

이모
붙이다 말고 **부치다**!

부럽다! 오늘은 형부가 부침개를 **부치는구나**. 🙂

루아의 마음 일기

나는 이모가 가르쳐 준 맞춤법을 공책에 적었다. 오늘도 한 걸음 성장한 내 모습이 자랑스럽다. 하하. 부침개가 다 완성되면, 바삭한 부침개를 들고 이모네로 배달 가야지!

똑똑 맞춤법

부치다는 '편지나 물건을 누군가에게 보내다, 어떤 기준에 모자르다, 프라이팬 등에 부침개 같은 음식을 만들다' 등 다양한 뜻을 가지고 있어요. **붙이다**는 '붙다'에서 온 단어로 '맞닿아 떨어지지 않다' 등의 뜻을 가지고 있지요.

▶ 제주도에 사는 친구에게 편지를 **부쳤다**.

▶ 줄넘기 300개를 하기에는 힘에 **부쳤다**.

▶ 딱풀로 색종이 두 장을 **붙였다**.

25 유월 vs 육월
26 시월 vs 십월

#내_마음대로_내_생일? #오빠에게_또_당함

로운 2

로운
곧 내 생일인 거 알지?

루아
오빠 생일? 무슨 소리야?
오빠는 **십월**에 태어났잖아.
지금은 봄인데?

로운
이제부터 **유월**을 내 생일로 하려고. 🙂

루아
???
유월? **육월** 아니야?

로운
뭐래. **유월**이거든.

루아
거짓말!

로운
만약 네가 말한 맞춤법이 틀리면
내 유월 생일 인정해 줄 거야?

루아
그래, 난 자신 있어.
6월은 육월이고, 10월은 십월일걸?
유월, 시월일 리가 없지!

루아의 마음 일기

오빠와의 톡톡 이후 국어사전을 찾아봤다. 이런, 내가 틀렸다. 이로운은 맨날 나를 골려 먹을 궁리만 한다. 선물을 받으려고 자기 마음대로 생일을 바꾸는 사람은 처음 봤다. 흥!

똑똑 맞춤법

1월은 '일월', 2월은 '이월', 3월은 '삼월'이라고 써요. 그래서 6월도 육월, 10월도 십월이라고 생각했을 거예요. 하지만 열두 달 중 6월과 10월만 달라요. 발음을 쉽게 하기 위해 유월과 시월이 되었어요. 헷갈릴 때는 쉬운 발음대로 써 보아요.

▪ 유월에는 현충일이 있다.
▪ 나는 단풍이 물드는 시월을 좋아한다.

27. 곰곰이 vs 곰곰히

#다들_나만_미워해 #어쩌면_범인은_가까이

♨ 영원한 삼총사 ♨ 👤 3

예린
수빈이가 루아한테 완전히 화났어.

유진
왜?
김민세랑 싸우는 일에 루아가 빠져서?

예린
응. 😑
그리고 다음 날 루아가 김민세를 바람맞혔잖아.
그래서 김민세도 루아한테 화났대.

루아
나한테 화난 사람이 왜 이렇게 많아? 😠
곰곰히 생각해 봤는데
김민세가 화장실 낙서 범인 아닐까?

예린
우리도 **곰곰이** 생각해 봤는데…….

유진
곰곰히가 아니라 **곰곰이** 아니야?

루아
그래, 곰곰이!

어쨌든 김민세한테 직접 물어봐야겠어!

유진
나도 같이 가!

예린
나도! ✋

쉿! 루아의 마음 일기

　김민세는 4학년 3반 남자아이다. 우리 반 아이들이 자기네 반에 쓰레기를 버렸다는 거짓말을 해서, 예전부터 우리 반이랑 사이가 안 좋았다. 아무튼 지난번에 김민세랑 한바탕 싸우기로 했는데⋯⋯. 그날 두 번째 낙서가 생겨서 민준이를 만나느라 약속에 못 나갔다. 일기를 쓰면 쓸수록 김민세가 범인 같다.

똑똑 맞춤법

곰곰이는 '깊이 생각하는 모습'을 말해요. 앞에서 배운 '깨끗이'가 '깨끗히'가 아니듯, 곰곰이도 곰곰히가 아니라는 점을 꼭 기억해요.

▪ 어려운 문제가 생기면 곰곰이 해결 방법을 떠올려 봐.
▪ 어떤 준비물이 필요한지 곰곰이 따져 볼까?

28

거야 VS 꺼야

#무슨_영화를_볼까? #영화는_먹으면서_봐야_제맛

아빠 👤 2

아빠
루아야, 이번 주 일요일에 영화 보러 갈까?

루아
좋아! 나 팝콘 먹을 **꺼야**.

아빠
아빠는 핫도그!
저번에 영화 보다가 우리 가족 다 졸았던 거 생각나?

루아
그때 본 영화가 조금 지루했어.
이번엔 절대 안 잘 **꺼야**!

아빠
이번에 볼 영화는 진짜 재미있대.

루아
기대돼! 나 콜라도 마실 **꺼야**.

아빠
여기서 잠깐!
우리 대화에서 틀린 맞춤법은 무엇일까?

루아
여기에 틀린 맞춤법이 있어?

음……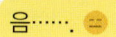

 아빠
루아는 맞힐 수 있을 거야!

지금 아빠가 힌트 준 거다?

쉿! 루아의 마음 일기

우리 가족은 지난달에 영화를 보러 갔다. 그런데 아빠가 꾸벅꾸벅 졸기 시작하더니 엄마도 졸고, 나중엔 오빠랑 나도 졸았다. 우리는 영화가 다 끝나고 나서야 눈을 떴다. 얼마나 푹 잤는지 오빠 입가에는 침 자국도 있었다. 이번에 볼 영화는 귀여운 고양이가 주인공이라서 이모도 같이 보러 가기로 했다.

똑똑 맞춤법

거야는 '것이야'가 줄어든 말이에요. 거야 앞에 받침 없는 글자가 오면 [거야]로 발음되고, 받침 있는 글자가 오면 [꺼야]로 발음되지요. 그래서 꺼야로 헷갈릴 수 있지만 거야가 올바른 맞춤법이에요.

 나는 나중에 커서 게임 개발자가 될 거야.

 내가 초식 공룡이라면 나뭇잎만 먹을 거야.

29

도대체 VS 도데체

#할아버지의_새_휴대폰 #톡톡_대화는_즐거워

할아버지 2

할아버지
루아야, 할아버지 최신형 스마트폰 샀다.

루아
우아, 할아버지!

할아버지
허허, 고모가 대화 나누는 어플도 깔아 줬어.
도데체 뭐가 뭔지 하나도 모르겠다.

루아
할아버지, 도데체는 틀린 말이야.
도대체가 맞아. 👀

할아버지
아이고!
도대체 자판이 익숙하지가 않아서 오타가 났다.

루아
그럴 수도 있지!
우리 집에 놀러 오면 내가 알려 줄게!

할아버지
그럼 할아버지가 갈까?

루아
> 응! 내가 알려 주면 금방 배울걸?
> 내가 엄마랑 아빠한테 말해 놓을게! 😍

 할아버지
> 이렇게 예쁜 손녀가
> **도대체** 어디서 나왔을까?
> 그럼 또 연락하마.

 루아의 마음 일기

    드디어 할아버지께도 스마트폰이 생겼다. 할아버지의 톡톡을 보고 너무 반가웠다. 나는 이제 맞춤법 공부가 재미있다. 그래서 톡톡으로 대화하는 것도 예전보다 훨씬 즐겁다. 내가 좋아하는 할아버지랑 내가 좋아하는 톡톡을 하다니! 행복이 두 배다!

 **똑똑 맞춤법**

도대체는 '다른 말은 그만두고 중요한 것만 말하자면, 아주 궁금해서 묻는 건데'라는 뜻이 있어요. '유감스럽게도 전혀'라는 부정적인 뜻도 가지고 있어요. **도데체**는 틀린 말이에요.

▪ **도대체** 네가 하고 싶은 말이 뭐야?
▪ 화장실 낙서에 담긴 의미는 **도대체** 무엇일까?
▪ 오빠가 하는 말은 **도대체** 이해를 못하겠어.

30 눈살 VS 눈쌀
31 수군수군 VS 수근수근

#말싸움_대장은_죽지_않았다 #출생의_비밀

민준 2

민준
너 아까 김민세랑 한바탕 싸웠다며?
김민세가 나한테도 **눈쌀** 찌푸리던데?

루아
눈살 찌푸렸겠지.

민준
그런데 너 강시후랑 김민세가 사촌 사이인 거 알았어?

루아
성이 다른데 어떻게 사촌이야?

민준
이종사촌이래.
놀이터 근처에서 김민세가 나를 째려보더니
강시후랑 막 **수근수근**하는 거 있지?

루아
수군수군했겠지.

민준
내 이야기에 집중 좀 해. 😑
지금 강시후 이야기하잖아. 네 첫사랑!

쉿! 루아의 마음 일기

오늘 김민세를 만나서 큰 목소리로 콕콕 따졌다. 그러자 김민세는 눈물을 글썽거리며 자기는 화장실 낙서 범인이 아니라고 했다. (거짓말이 분명하다.) 그리고 민준이가 알려 준 새로운 소식! 김민세랑 강시후가 사촌 사이라고 한다. 말도 안 돼!

똑똑 맞춤법

눈살과 눈쌀 모두 발음이 [눈쌀]이에요. 하지만 눈쌀은 틀린 맞춤법으로, 눈살이라고 써야 해요. 눈살이란 '미간에 접히는 주름, 독기 품은 눈으로 쏘아보는 시선'을 말해요.

▪ 친구에게 함부로 하는 행동은 눈살을 찌푸리게 만든다.

▪ 선생님의 눈살이 따가웠다.

수군수군은 '남이 듣지 못하게 낮은 목소리로 이야기하는 소리나 모양'을 말해요. 비슷한 말로 '소곤소곤'이 있어요. 수근수근은 틀린 말이에요.

▪ 친구들과 비밀 이야기를 수군수군 말했다.

▪ 학교에 퍼진 소문을 두고 다들 수군수군했다.

32

싫증 VS 실증

#뚜뚜의_임신 #나에게도_고양이_동생이_생길까?

이모 2

이모
기쁜 소식! 😎
뚜뚜가 임신 중이었어.
그래서 오늘 동물 병원에 다녀왔지.

루아
헉, 진짜? 😮
뚜뚜가 엄마가 되다니!

이모
새끼 낳으면 사진 보내 줄게.

루아
아기 고양이 한 마리 입양하고 싶다.
실증 안 내고 평생 돌볼 수 있는데…….

이모
맞아. 루아는 싫증 안 내고 잘 돌볼 거야.

루아
실증이 아니라 싫증이구나!
너무 헷갈려.

70

이모
우리 루아 충분히 잘하고 있어.

새끼 고양이는 엄마 아빠랑 상의해 봐. 😊

루아
이모 응원 덕분에 힘이 나. ❤️

쉿! 루아의 마음 일기

뚜뚜가 새끼를 가졌다. 이모 집에 놀러 가면 뚜뚜가 나에게 꾹꾹이를 한다. 꾹꾹이는 앞발로 내 몸을 마사지해 주듯 꾹꾹 누르는 걸 말한다. 그런 뚜뚜 몸속에 아기 고양이가 있다니! 엄마 아빠에게 고양이를 키우고 싶다고 말했다. 이로운도 좋다고 했다. 과연 엄마 아빠는 허락해 주실까?

똑똑 맞춤법

싫증은 '싫은 생각이나 느낌 또는 그러한 반응'을 말해요. '싫다'의 '싫'이 들어간 것이지요. 실증은 틀린 맞춤법이에요.

🔹 새 장난감에 금방 싫증이 났다.

🔹 태권도는 내가 유일하게 싫증을 느끼지 않은 운동이다.

33 장래 희망 VS 장례 희망

#숙제는_귀찮아 #아직_맞춤법이_어려운_열한_살

★ 4-1 친구들 ★ 👤 10

루아
오늘 숙제 뭔지 아는 사람?

예린
뭐였지?

현호
내가 알려 줄게.

민준
장례는 누가 죽으면 하는 거 아니야? 😕

현호
아, 장례 희망이 아니라 장래 희망이구나.

루아

> 그런데 너희는 장래 희망 정했어?

> 나는 꿈이 너무 많아서 고민이야…….

수빈

> 그럼 숙제에 쓸 거 많아서 좋겠네.

> 나는 바빠서 이만. 👋

쉿! 루아의 마음 일기

나는 장래 희망이 너무 많다. 그중 두 개를 꼽자면 하나는 변호사, 하나는 치킨집 사장이다. 변호사는 누군가를 대신하여 정의롭게 말싸움하는 직업이라고 들었다. 너무 멋있는 것 같다. 이제는 맞춤법도 제법 잘 알아서, 동화 작가가 되고 싶기도 하다. 이런저런 고민을 하느라 숙제가 늦어졌다. 얼른 집중해야겠다!

똑똑 맞춤법

장래 희망의 '장래'는 '다가올 앞날', '희망'은 '어떤 일을 이루기 바란다'라는 뜻이에요. 즉 장래 희망은 '앞으로 하고자 하는 일에 대한 희망'이지요. 장례 희망은 틀린 말이에요.

- 나의 장래 희망은 로봇을 만드는 사람이야.
- 내 짝꿍과 장래 희망이 똑같아서 깜짝 놀랐어.

34

연예인 VS 연애인

#사랑해요_굿보이즈 #유진이는_못_말려

♨ 영원한 삼총사 ♨ 👤 3

예린

너희 굿보이즈 오빠들 새로 나온 뮤직비디오 봤어?

난 벌써 20번이나 본 거 있지?

너희도 얼른 봐 봐!

루아

그 정도로 멋있어?

역시 오빠들은 우리를 실망시키지 않아.

유진

난 이미 봤지.

이렇게 잘생긴 **연애인**은 처음 봐! 😍

루아

유진이 너 진짜 굿보이즈에 빠졌구나?

유진

왜?

진짜 멋지단 말이야! 😁

루아

똑똑한 유진이가 맞춤법까지 틀리다니.

유진

헉, 연예인인데!

나 정말 정신 못 차리고 있나 봐.

루아

굿보이즈 오빠들,

유진이에게 무슨 짓을 한 거예요?

아무튼 이따 글짓기 학원에서 보자. 🐱

쉿! 루아의 마음 일기

　우리 삼총사는 굿보이즈를 좋아한다. 굿보이즈는 남자 아이돌 그룹인데, 나는 그중에서도 리더 오빠에게 푹 빠져 있다. (왜냐하면 리더 오빠가 강시후랑 닮았다.) 나는 지난주부터 글짓기 학원에 다니고 있다. 슬프게도 아직 강시후와 마주치지는 못했다. 그래서 나는 강시후 대신 굿보이즈 뮤직비디오를 본다. 흑흑……

 똑똑 맞춤법

사람들 앞에서 음악, 무용, 마술 등을 공연하는 것이 '연예'예요. 연예 일을 하는 사람을 연예인이라고 부르지요. 연애인은 없는 말이에요.

🔖 나는 연예인이 되는 게 꿈이야.

🔖 내가 좋아하는 연예인을 실제로 보면 얼마나 좋을까?

35 산봉우리 vs 산봉오리
36 꽃봉오리 vs 꽃봉우리

#가족_사진 #다_같이_맞춤법_공부_시작

♥ 우리 가족 ♥ 👤 4

엄마

아까 산 정상에서 찍은 사진이야!

다들 저장하기!

루아

산봉오리가 아주 멋졌어! 👍

로운

꽃봉우리도 아주 예뻤어!

아빠

둘 다 맞춤법이 틀렸네?

엄마
산봉우리! 꽃봉오리! 헷갈리지?

우리 가족 다 같이 맞춤법 공부를 해 볼까?

쉿! 루아의 마음 일기

오늘은 가족 등산을 했다. 중간중간 아빠가 등을 밀어 준 덕분에 무사히 산꼭대기에 도착할 수 있었다. 산꼭대기에 서니까 바람이 시원하고 공기가 상쾌했다. 다리가 좀 아팠지만 보람차고 즐거운 마음이 훨씬 컸다.

똑똑 맞춤법

산봉우리는 '산'과 '봉우리'가 합쳐진 말이에요. '봉우리'는 산에서 뾰족하게 높이 솟은 부분을 말해요. 산봉오리는 틀린 말이에요.

▶ 높은 산봉우리에는 구름이 걸쳐 있다.

▶ 산봉우리에서 '야호'를 외치면 산짐승이 스트레스를 받는다.

꽃봉오리는 '꽃'과 '봉오리'가 합쳐진 말이에요. '봉오리'는 '망울만 맺히고 아직 피지 않은 꽃'을 말해요. '봉오리'만 써도 꽃봉오리와 같은 의미로 쓸 수 있어요. 꽃봉우리는 틀린 말이에요.

▶ 봄비가 내리자 개나리 꽃봉오리가 폈다.

▶ 목련나무에 하얀 꽃봉오리가 맺혔다.

37

귀띔 VS 귀뜸

#내_친구의_첫사랑 #커플_탄생_임박

예린 2

예린
루아야. 너만 알고 있어.
초특급 비밀이야.

루아
뭔데?
유진이한테도 말하지 마?

예린
응. 유진이한테도 말하면 안 돼!
너한테만 **귀뜸**하는 거야.

루아
알았어.

예린
나 사실 이민준 좋아해.
혹시 민준이가 좋아하는 사람 있어?

루아
헉, 내 친구 이민준 말하는 거야?

예린
응.......

루아
> 흠, 너한테만 귀띔해 주는 건데…….

 예린
> 있구나? 누군데? 미주? 수빈이? 😅

루아
> 귀뜸이 아니라 귀띔이야.
> 그리고 민준이는 좋아하는 애 없어!

루아의 마음 일기

예린이가 민준이를 좋아하다니! 그러고 보니 둘이 꽤 잘 어울린다. 예린이는 민준이가 굿보이즈보다 멋지다고 한다. 그건 좀 아닌 것 같지만, 나도 강시후가 굿보이즈보다 잘생겨 보일 때가 있다. 사랑에 빠지면 콩깍지에 씐다고 하더니 진짜인가 보다. 난 오늘도 강시후와 마주치길 기대하면서 글짓기 학원에 간다.

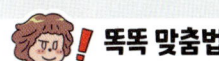 똑똑 맞춤법

귀띔은 '상대편이 눈치로 알아차릴 수 있도록 슬그머니 알려 주는 것'을 말해요. '귀띔하다'라고도 써요. **귀뜸**은 틀린 맞춤법이에요.

- 친구의 **귀띔**으로 정답을 맞힐 수 있었다.
- 내일이 아빠 생일이라고 엄마가 **귀띔**해 주셨다.

38

봬요 VS 뵈요

#글짓기_학원_첫_결석 #감기_조심

글짓기 선생님 2

루아
선생님!

글짓기 선생님
루아야, 오늘 결석했지?
감기는 괜찮니?

루아
네, 약 먹고 자서 좀 괜찮아졌어요.

글짓기 선생님
다행이네.
요즘 독감이 유행이라서 걱정했어.

루아
병원에서 독감은 아니래요. 🙂
그럼 선생님, 수요일에 **뵈요**!

글짓기 선생님
루아야, **봬요**가 맞아.
좀 헷갈리지?
선생님이 존댓말 맞춤법 수업을 준비해 볼게.

루아

우아, 선생님만 믿을게요.

수요일에 봬요!

글짓기 선생님

그래.

건강한 모습으로 보자. 🙂

루아의 마음 일기

어젯밤부터 기침이 나기 시작하더니 감기에 걸렸다. 목이 따끔거리고 땀이 나는 건 괜찮았는데, 글짓기 학원에 가지 못한 건 괜찮지 않았다. 아무래도 나는 글짓기를 좋아하게 된 것 같다. 그래서 그런가? 예전에는 일기 한 줄을 쓰는 데 10분 넘게 걸렸지만, 지금은 스무 줄도 금방 쓴다. 오늘 이 마음 일기를 쓰는 데도 5분이 채 걸리지 않았다.

똑똑 맞춤법

'뵈다'는 '웃어른을 대하여 보다'라는 뜻이에요. '뵈어, 뵐, 뵈니' 등으로 쓰여요. '뵈다'의 높임말은 '뵈어요'예요. '뵈어요'를 줄이면 봬요가 되지요. 그래서 뵈요는 틀린 맞춤법이에요.

▌ 할머니, 이따가 공원에서 봬요.

▌ 오늘 선생님을 봬서 좋았어.

39 거꾸로 VS 꺼꾸로

#여자_남자는_평등하다 #흔들리는_우정

민준 2

루아
너 우예린 알지?

민준
당연하지! 우리 반이잖아.
근데 걔는 여자답지 못하게 시끄럽더라?

루아
야, 너 지금 무슨 소리 하는 거야? 😠
그거 여자 남자 차별이야.
거꾸로 너한테 남자답지 못하다고 하면 기분 좋냐?
입장 바꿔서 생각해 봐!

민준
왜 화를 내고 그래?
그리고 **꺼꾸로** 아니야?

루아
거꾸로 맞거든?
제대로 알지도 못하면서
편견만 가득하네!

민준

내가 무슨 편견이 있다고 그래?

괜히 예민하게 구네. 😟

루아

여자는 이래야 하고,

남자는 이래야 한다고

생각하는 게 편견이 아니면 뭔데?

너 나한테 연락하지 마!

쉿! 루아의 마음 일기

이민준에게 완전히 실망했다. 어떻게 그런 말을 할 수 있지? 예린이는 내 마음도 모르고 민준이에게 자기 이야기를 했느냐고 묻는다. 나의 우정도, 예린이의 사랑도 흔들리고 있다.

똑똑 맞춤법

거꾸로와 꺼꾸로는 발음이 비슷하지만 거꾸로가 맞는 말이에요. '차례나 방향 등이 반대로 되다'라는 의미지요. 꺼꾸로는 틀린 말이에요.

🔖 가끔 양말을 거꾸로 신을 때가 있다.

🔖 물구나무서기는 손으로 바닥을 짚고 거꾸로 서는 자세다.

40 어이없다 VS 어의없다

#이민준의_반성 #우리_싸움은_칼로_물_베기

민준 2

민준
이루아, 어제는 내가 잘못했어…….
엄마 아빠한테 우리 싸운 이야기를 했거든.
그랬더니 내가 잘못한 거 맞대.
생각해 보니까 나도 '남자는 울면 안 돼'라는 말 싫어.
여자, 남자답지 못하다니.
정말 **어의없는** 말이다.
내 톡톡 보고 있어?
사과받아 주라.

루아
어이없네! 😠

민준
아직도 화 많이 났지?
내가 진짜 미안해.

루아
그게 아니라
어의없다라는 말은 없거든?

민준
다시 보니 방금 내가 쓴 맞춤법도
어제 내가 했던 말처럼 정말 어이없다. 😅

루아
흥! 너의 사과를 받아 주마.
오늘 당장 아이스크림 사.

민준
알았어, 지금 나와!

쉿! 루아의 마음 일기

우리는 아이스크림을 먹으면서 화해의 악수를 했다. 그때 민준이가 화장실 낙서 범인이 시후 같다고 말했다. 나는 너무 어이없어서 깔깔 웃음이 나왔다. 시후는 절대 그럴 리 없다. 민준이가 헛다리를 짚은 게 분명하다.

똑똑 맞춤법

어이없다는 '어떤 일이 너무 뜻밖이어서 기가 막히다'라는 뜻이에요. 비슷한 말로 '어처구니없다'가 있어요. 어의없다는 세상에 없는 말이에요.

▶ 나는 수학 시험에서 어이없는 실수를 했다.

▶ 오빠가 내 과자를 먹고 오리발을 내밀어서 어이없었다.

세기의 라이벌

* 만화 속 틀린 맞춤법을 모두 찾아보아요.

41

설거지 VS 설겆이

#사랑하는_우리_엄마_생일 #어떤_선물이_좋을까?

♥ 우리 가족 ♥ 👤 4

로운
오늘은 내가 **설겆이**할게.
엄마 생일이니까.

아빠
우리 아들 이제 다 컸네.

루아
나는 뭐 하지?
오빠가 **설겆이**를 하면, 나는 **설거지**를 할래!

엄마
정답! **설거지**가 맞아.
근데 엄마는 **설거지** 말고 다른 선물도 받고 싶어.

로운
다른 선물? 뭔데?
안마? 신발 정리?

루아
뽀뽀? 안아 주기?

엄마
정성이 듬뿍 담긴 손 편지!

로운
그건 당연히 썼지!

루아
나도 당연히 썼지!

아빠
어이쿠, 아빠도 얼른 써야겠다! 😳

쉿! 루아의 마음 일기

나는 편지에 엄마가 태어나서 정말 기쁘다고 썼다. 그리고 사랑한다는 말을 5번도 넘게 적었다. 또박또박한 글씨로 편지지를 가득 채운 뒤 틀린 맞춤법이 없는지 읽어 보았는데, 이럴 수가! 완벽했다! (참, 설거지는 나도 오빠도 아닌 아빠가 하셨다.)

똑똑 맞춤법

예전에는 '먹고 난 뒤의 그릇을 씻어 정리하다'라는 뜻으로 '설겆다'라는 말을 사용했어요. 여기서 설겆이가 나왔지요. 하지만 이제는 '설겆다'와 설겆이 모두 사용하지 않아요. 발음과 표기가 쉬운 '설거지하다'와 설거지로 표준어가 바뀌었어요.

🚩 엄마 아빠가 부엌에 나란히 서서 설거지를 하셨다.

🚩 설거지를 마친 그릇을 만지면 뽀드득 소리가 난다.

42

제대로 vs 재대로

#좋은_말_할_때_정체를_밝혀라 #허무한_패배

(알 수 없음) 👥 2

― 친구로 등록되지 않은 사용자입니다. ―

 (알 수 없음)
이루아, 안녕?

루아
누구? 나 알아?

 (알 수 없음)
당연히 알지.
내가 화장실에 남긴 편지 봤지?

루아
야, 너!
잘 만났다!

 (알 수 없음)
넌 예전이랑 똑같더라.
하나도 안 변했어.

루아
무슨 말을 하는 거야?
만나서 **재대로** 말싸움 붙어 보자! 덤벼!

(알 수 없음)

이미 네가 진 것 같은데?

덤비라고 할 시간에

맞춤법 공부나 제대로 해.

또 편지 남길게.

루아

야! 당장 돌아와!

쉿! 루아의 마음 일기

화장실 낙서 범인이 갑자기 톡톡으로 말을 걸었다. 난 마음의 준비가 안 된 채로 답장을 하다가, 몇 마디 하지도 못하고 져 버렸다.

 내가 맞춤법 공부를 얼마나 열심히 했는데.

분하다······. 제대로 공부해서 땅에 떨어진 말싸움 대장의 명예를 돌려놓고 말겠다!

! 똑똑 맞춤법

제대로는 '제 격식이나 규격대로 알맞은 정도로, 원래 상태 그대로' 등 여러 뜻을 가지고 있어요. '나'를 가리키는 단어 '저'에서 변한 형태인 '제'에 '–대로'가 합쳐진 말이에요. 재대로는 없는 말이에요.

- 나는 축구를 제대로 배우고 있다.
- 너무 긴장된 나머지 밥을 제대로 못 먹었다.

43

빈털터리 vs 빈털털이

#드디어_나에게도_동생이! #이름은_뭐로_지을까?

이모 2

이모
어제 언니한테 들었어.
고양이 키우는 거 허락받았다며?

루아
응, 너무 행복해! 😍
내가 밥을 주고, 오빠가 똥을 치우기로 했어.
고양이 화장실이랑 모래 사는 데 나도 돈 보탰어.
그래서 지금 빈털털이가 됐지만
마음만은 부자야!

이모
우리 루아, 용돈 다 썼구나?
이모가 용돈 줘야겠네.
그런데 빈털터리 아닐까?

루아
헉!
이번 맞춤법은 진짜 몰랐어.
꼭 기억해야지, 빈털터리!

이모
이번 주말에 새끼 고양이 보러 올래?

상황 봐서 그때 데려가도 되고.

루아
좋아!

아기 고양이 이름은 뭐로 짓지? 😊

 이모
천천히 생각해 봐. 😊

쉿! 루아의 마음 일기

반려동물을 키우면 해야 할 일이 많다. 또 돈도 많이 필요하다. 우리 가족은 고양이 입양을 놓고 일주일 넘게 고민한 끝에, 고양이를 키우기로 결정했다. 모두가 동물 입양에 신중했으면 좋겠다!

똑똑 맞춤법

빈털터리는 '가진 것 없이 가난뱅이가 된 사람'을 말해요. 빈털털이는 틀린 맞춤법이에요.

■ 나는 하루아침에 빈털터리가 되었다.

■ 돼지 저금통을 가득 채워서 빈털터리에서 벗어날 것이다.

44

등굣길 VS 등교길

#세_번째_낙서 #스트레스에는_무조건_떡볶이

민준 2

루아

오늘 등굣길에 발견했어. 열받아!

민준
뭐야? 걔랑 언제 말싸움했어?

루아
걔한테 톡톡이 왔는데
내가 맞춤법을 틀려 버렸어.

민준
헉!
근데 등교길에 저걸 쓴 걸까? 아니면 어젯밤에?

루아

잠깐만, 등굣길이 맞는 것 같은데?

민준

나한테 맞춤법 지적하지 말고

걔랑 싸울 때 제대로 좀 하지!

루아

나도 괴로워. 😭

당장 떡볶이를 먹어야겠어!

🤫 루아의 마음 일기

　세 번째 낙서가 생겼다. 김민세는 신이 나서 "이루아, 별거 아니네!"라고 말하며 복도를 돌아다녔다. 나는 속에서 불이 났다. 유진이와 민준이가 말리지 않았더라면 큰일이 났을지도 모른다. 떡볶이를 먹으며 화를 달래야겠다.

똑똑 맞춤법

'등교'와 '길'이 합쳐진 단어가 등굣길이에요. 두 단어가 합쳐졌을 때 [등교낄]처럼 된소리(ㄲ, ㄸ, ㅃ, ㅆ, ㅉ) 발음이 나면, 두 단어 사이에 사이시옷을 넣어야 해요. 그래서 등굣길이 맞고, 등교길은 틀려요.

🚩 등굣길에 문구점에 들렀다.
🚩 비 오는 날 등굣길에는 달팽이를 볼 수 있다.

45 숟가락 vs 숫가락
46 젓가락 vs 젇가락

#급식_먹을_때_가장_행복한_우리는 #4학년_1반

★ 4-1 친구들 ★ 👤 10

도현
내일 급식 메뉴 아는 사람?

예린
돈가스! 😘

수빈
그리고 스파게티!

맞다, 급식실의 **숫가락**과 **젇가락**이

작은 크기로 바뀐대.

루아
안 그래도 두 개 다 커서 밥 먹기 힘들었어.

유진
근데 **숫가락**이 아니고 **숟가락**이야.

루아
반대로 **젇가락**은 **젓가락**이고.

현호
어렵다. 두 단어의 받침이 다르다니!

유진
어쨌든 내일은 급식이 맛있는 날이다!

루아
빨리 내일이 오면 좋겠다! 😎

쉿! 루아의 마음 일기

학교의 좋은 점 중 하나는 친구들과 같이 점심을 먹을 수 있다는 것이다. 나는 집에서 밥을 남길 때가 많다. 그런데 학교에만 가면 편식하지 않고 이것저것 다 먹는다. 물론 콩나물은 예외다. 그래서 급식에 콩나물국이나 콩나물무침이 나오면 조금 슬프다.

똑똑 맞춤법

밥을 떠먹는 단위를 '술'이라고 해요. 한 술 두 술, 이렇게 말하지요. '술'의 받침 'ㄹ'이 'ㄷ'으로 변한 뒤 쇠로 된 기다란 물건'을 뜻하는 '가락'과 합쳐져 숟가락이 되었어요.

▪ 나는 아침밥 세 **숟가락**만 먹고 학교에 가.
▪ 운동을 너무 열심히 해서 **숟가락** 들 힘이 없어.

옛날에는 **젓가락**을 '져'라고 불렀어요. 시간이 흘러 '져'는 '저'가 되었지요. 거기에 '가락'이 붙고, 사이시옷이 들어가면서 **젓가락**이 되었어요.

▪ 어릴 땐 **젓가락**을 잘 못 써서 포크를 사용했어.
▪ **젓가락**질을 잘하기 위해 연습 중이야.

47

잠그다 vs 잠구다

#듣기_싫은데_궁금한_이야기 #등골이_오싹오싹

로운 2

로운
내가 무서운 이야기 해 줄까?

루아
아니. 싫어. 하지 마.
들으면 잠 안 온단 말이야!

로운
너 지금 저 소리 들려?
똑. 똑. 똑.

루아
누가 현관문을 두드리는 건가? 😂
아니면 누가 수도꼭지를 안 **잠궜나**?

로운
귀신이 우리 집 화장실에 들어온 게 아닐까?
으악! 🤢

루아
으아아아아악!
진짜 귀신이면 어떡해, 오빠?

로운
귀신은 무슨 귀신이야!

네가 화장실 사용하고 수도꼭지 덜 잠근 거잖아.

루아
깜짝이야!

그래도 무서우니까 오빠가 잠가 주라.

루아의 마음 일기

요즘 들어 오빠가 자꾸 무서운 이야기를 한다. 내가 싫어하는 걸 알면서도 그런다. 그런데 나는 또 그 이야기가 궁금하다. 무서운데 듣고 싶은 이유는 무엇일까? 아까 오빠랑 이야기할 때 너무 긴장되고 떨려서 맞춤법이 더 헷갈렸다. 나중에 화장실 낙서 범인과 말싸움할 때는 절대 긴장하지 말아야겠다.

똑똑 맞춤법

잠그다는 '열고 닫는 물건을 열지 못하도록 하다, 물이나 가스가 흘러나오지 않게 차단하다'라는 뜻이에요. '잠가, 잠가서, 잠갔다' 등으로 다양하게 쓸 수 있어요. 잠구다는 틀린 맞춤법이에요. 모음 'ㅜ'가 들어가는 '잠궈, 잠구면, 잠궜다' 등은 모두 틀린 말이지요.

🚩 일기장을 자물쇠로 잠글 거야.

🚩 추운 겨울에는 외투 단추를 끝까지 잠가야 해.

48

움츠리다 VS 움추리다

#아기_고양이_때문에_심장이_아파 #이름은_봄이

♨ 영원한 삼총사 ♨ 👤 3

유진
이루아, 프로필 사진 뭐야?

루아
뭐긴 뭐야.
우리 집에 새로 온 아기 고양이지! 🐱

예린
너무 귀여워서 심장이 아파. 😍

유진
우아! 너희 집에 놀러 가도 돼?

루아
지금은 겁을 먹고 구석에 **움추리고** 있어.
좀 더 적응하면 그때 놀러 와!

유진
움추리다 말고 **움츠리다**!
응, 그때 불러 줘!
아기 고양이는 뭘 좋아해?
우유? 참치?

루아
맞다, 움츠리다!

요즘 고양이를 돌보느라 맞춤법 공부를 못했어.

 예린
그럴 수 있지. 고양이 이름은 뭐야?

루아
봄에 태어나서 봄이! ✿

 루아의 마음 일기

　봄이는 우리 집에 오자마자 소파 아래로 들어가 버렸다. 나는 봄이가 추울까 봐 소파 아래에 담요를 넣어 줬다. 내가 1초에 한 번씩 봄이를 쳐다보자, 엄마는 자꾸 그러면 봄이가 스트레스를 받을 수도 있다고 하셨다. 얼른 봄이가 우리 집을 편하게 생각했으면 좋겠다.

 똑똑 맞춤법

움츠리다는 '몸이나 몸의 일부를 오그려서 작아지게 하다, 겁을 먹고 풀이 죽다'라는 의미예요. 비슷한 표현으로 '움츠러들다'가 있어요. 움추리다는 틀린 맞춤법이에요.

▪ 바람이 너무 차가워서 어깨를 움츠렸다.
▪ 병아리가 몸을 움츠린 채 자고 있다.

49

재작년 VS 제작년

#후덜덜 #초콜릿은_좋지만_치과는_싫어

♥ 우리 가족 ♥ 👤 4

엄마
이루아, 어제 또 이 안 닦고 잤지?
자꾸 그러면 치과 가야 해.

루아
으, 싫어.

엄마
루아 아빠, 루아 치과 언제 마지막으로 갔지?

루아
제작년일걸?
치과 절대 안 갈 거야!

아빠
재작년이야, 루아야.
그리고 이가 아프면 가야지.

루아
안 가! 아파도 비밀로 하면 돼.

로운
너 어제 어금니 아프다고 하지 않았어?

루아
> 오빠도 아프다며!

아빠
> 안 되겠다.
> 이번 주에 로운이랑 루아 둘 다 치과 가자.

로운
> 이루아, 물귀신 작전 쓰기 있냐?

쉿! 루아의 마음 일기

　나는 길거리에서 치과 간판만 봐도 몸이 후덜덜 떨린다. 의사 선생님이 아무리 친절하셔도 소용없다. (선생님, 죄송해요.) 치과에 가기 싫으면 이를 잘 닦아야 하는데……. 나는 왜 이렇게 이 닦는 게 귀찮을까? 이번 주에 오빠랑 치과에 가게 생겼다. 그래도 오빠랑 같이 가서 다행이다. 물귀신 작전 대성공!

똑똑 맞춤법

'두 번째'를 뜻하는 '재'와 '지난해'를 뜻하는 '작년'이 합쳐져 **재작년**이 되었어요. '지난해의 전 해'라는 의미예요. **제작년**은 틀린 맞춤법이에요. 헷갈리지 않으려면 두 번째를 뜻하는 '재'를 떠올려 보아요.

▪ **재작년** 내 생일에는 우리 집에서 파티를 했다.
▪ 사촌 동생은 **재작년**에 태어났다.

50 헷갈리다 VS 헷깔리다

#외삼촌? #받아쓰기_점수는_행복순이_아니야

외삼촌 2

외삼촌
루아 언니, 나야!

루아
외삼촌? 😮

외삼촌
나 아름이야! 아빠 휴대폰으로 보내고 있어.
언니 보고 싶어서 톡톡했어! 로아 오빠도 잘 있지?

루아
로아 오빠? 혹시 이로운 말하는 거야?

외삼촌
아, 맞다! 언니 이름이랑 헷깔렸어.

루아
아름아, 헷깔려는 틀린 맞춤법이야.
헷갈려가 맞아.

외삼촌
그래? 너무 헷갈린다.

루아
하나씩 알아 가면 되지!

외삼촌
나 어제도 받아쓰기 30점 맞았어. 😭

루아
아름아, 나는 1학년 때 10점이었어. 😄

외삼촌
진짜? 그런데 지금은 어떻게 이렇게 잘 알아?

루아
책 많이 읽고, 열심히 일기 쓴 덕분이지! 🤓

쉿! 루아의 마음 일기

올해 2학년이 된 아름이는 나랑 두 살 차이밖에 안 나서 그런지 말이 잘 통한다. 요즘 아름이는 받아쓰기 때문에 스트레스를 많이 받나 보다. 나는 내 어린 시절을 이야기하면서 아름이에게 용기를 주었다. 누구나 용기만 있으면 무엇이든 할 수 있다!

똑똑 맞춤법

헷갈리다는 '정신이 혼란스럽게 되다'라는 뜻이에요. 발음이 [헫깔리다]여서 헷깔리다로 잘못 쓸 수 있지만, 헷깔리다는 없는 말이에요. '헛갈리다'도 헷갈리다와 같은 뜻이에요.

▪ 나는 구구단 7단이 너무 **헷갈려**.
▪ 가끔 신발을 신을 때 오른쪽 왼쪽이 **헷갈릴** 때가 있어.

51 -쟁이 VS -장이

#나는야_고양이_집사 #봄이의_얼굴을_제대로_본_날

이모 2

루아
이모, 이모!
드디어 봄이가 내 무릎 위에 올라왔어! 😍

이모
정말?
다행이네! 😊

루아
봄이 완전 애교쟁이에 개구장이야!

이모
뚜뚜를 닮아서 봄이도 아주 귀여울 거야.
그런데…….

루아
그런데?

이모
애교쟁이는 맞는데, 개구장이는 아닐걸?

루아
그럼 개구쟁이인가? 우리 봄이는 개구쟁이!

이모: 정답!
그리고 봄이는 아직 겁쟁이! 🙂

루아: 봄이는 아직 어리니까
멋쟁이 언니인 내가 잘 이끌어 줄 거야!

쉿! 루아의 마음 일기

　봄이는 며칠 동안 소파 밑에서 안 나왔다. 엄마랑 떨어져서 우리 집에 오게 되었으니, 얼마나 슬플까? 나였어도 엄청 충격받았을 것 같다. 그리고 마침내 오늘! 드디어 봄이가 소파 밖으로 나왔다. 봄이는 야옹야옹 울면서 우리 집을 돌아다녔다. 나는 재빨리 장난감 낚싯대를 가져와 봄이와 놀아 주었다.

! 똑똑 맞춤법

−쟁이는 '행동이나 특징을 많이 가진 사람'을 부를 때 쓰는 말이에요. '겁쟁이, 고집쟁이, 떼쟁이' 등으로 사용되지요. 반면 −장이는 '기술을 가진 사람'을 부를 때 써요. 간판 만드는 사람은 '간판장이', 양복 만드는 사람은 '양복장이'라고 하지요.

▪ 우리 반 멋쟁이는 바로 나다.
▪ 대장장이는 쇠를 달궈서 연장을 만든다.

52

돌하르방 VS 돌하루방

#첫사랑의_짜릿함 #오늘_밤_이불_킥_예약

♨ 영원한 삼총사 ♨ 👤 3

유진
루아야, 너 아까 강시후 만났어?

예린
강시후? 아, 루아의 첫사랑?

루아
쉿! 비밀이야. 🤫

예린
비밀이었어? 민준이가 말해 줬는데.
나 요즘 민준이랑 친해졌잖아. 😖

루아
진짜? 어쨌든 비밀이야.
그리고 강시후 만났어.
나 **돌하루방**이 된 것처럼
온몸이 굳은 거 있지?

유진
으악, 말만 들어도 떨린다.
근데 **돌하르방**이야.
넌 긴장하면 맞춤법 틀리더라?

> 루아
> 아무튼 강시후한테 내 전화번호 줬어!
> 연락 오면 말해 줄게. 😋

 예린
> 꺄아아아악!
> 남자친구 생기는 거 아니야? 😖

🤫 루아의 마음 일기

드디어 시후를 만났다! 태권도 도복을 입은 모습이 아주 멋졌다. 나를 본 시후는 별로 놀라지 않았다. 시후의 반응에 살짝 당황했지만, 재빨리 시후의 손에 내 전화번호를 적은 쪽지를 쥐어 주었다. 언제쯤 연락이 올까? 가슴이 두근거린다.

똑똑 맞춤법

돌하르방은 '돌로 만든 할아버지'라는 뜻으로, 제주도에 살던 조상들이 믿던 수호신이에요. **돌하루방**은 틀린 말이에요.

🚩 제주도에는 **돌하르방**이 많다.

🚩 미술 시간에 점토로 **돌하르방**을 만들었다.

53 자장면 VS 짜장면
54 곱빼기 VS 곱배기

#주말에는_역시_중국집 #단무지는_무조건_많이

외할머니 2

루아
> 할머니, 아까 먹은 자장면 진짜 맛있었지?
> 아, 자장면이 아니라 짜장면인가?

외할머니
> 자장면, 짜장면 둘 다 맞아.

루아
> 그런데 아까 오빠가
> 짜장면 곱빼기 먹겠다고 떼쓴 거 너무 웃겼어.

외할머니
> 오늘따라 로운이가 웃기더라.
> 참, 곱배기 말고 곱빼기! 알았지?

루아
> 응! 나는 된소리가 외우기 편해. 곱빼기!

외할머니
> 벌써 우리 루아가 또 보고 싶네. 🙂

루아
나도! 😊
내일도 놀러 와, 할머니!

쉿! 루아의 마음 일기

오늘 우리 집에서 외할머니와 중국 음식을 시켜 먹었다. 이로운은 같이 먹을 탕수육과 군만두가 있는데도 짜장면 곱빼기를 먹겠다고 우겼다. 나는 그런 오빠한테 "그럼 탕수육 안 먹을 거야?"라고 물었다. 그랬더니 오빠는 놀라서 보통 짜장면을 먹겠다고 했다. 훗! 외할머니는 나에게 엄지 척을 날리셨다.

 똑똑 맞춤법

옛날에는 자장면만 표준어였어요. 하지만 많은 사람이 짜장면도 함께 사용하면서, 두 표기 모두 표준어가 되었어요.

▶ 나는 자장면을 세상에서 가장 좋아해.
▶ 짜장면에 달걀프라이를 올려 먹으면 맛있어.

곱빼기는 '두 그릇 양의 음식'을 말해요. '계속해서 두 번 하는 일'이라는 뜻도 있어요. 곱배기는 틀린 맞춤법이에요.

▶ 비빔 국수 곱빼기를 먹었더니 배가 너무 불러.
▶ 비가 와서 학원 가는 길이 곱빼기로 힘들었어.

55

하마터면 VS 하마트면

#오지_않는_연락을_기다리는_중 #자꾸_휴대폰만_봐

민준 2

루아
> 시후한테 연락이 안 와.

민준
> 강시후 옆 학교로 전학 왔다던데.

루아
> 우리 학교로 왔으면 좋았을 텐데.

민준
> 아직도 걔 좋아하는 거야?
> 지나간 첫사랑인 줄 알았는데.

루아
> 지난번에 시후랑 마주쳤을 때
> **하마트면** 심장이 멈출 뻔했어.

민준
> **하마터면** 아니야?

루아
> 시후 이야기만 하면 떨려서 그런지 자꾸 틀려.

민준
> 근데 나는 강시후 별로더던데.

루아
> 야, 함부로 말하지 마!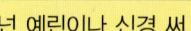
> 넌 예린이나 신경 써.

민준
> 예린이랑 나는 그냥 친구 사이야.

루아
> 그러거나 말거나! 듣기 싫으면 말아!

쉿! 루아의 마음 일기

민준이는 시후 이야기만 하면 괜히 툴툴댄다. 혹시 나를 좋아해서 질투하는 건 아니겠지? 아니어야 한다. 예린이가 민준이를 얼마나 좋아하는데! 민준이는 예린이와 잘 되어야만 한다. 아무튼 나는 요즘 하루에 100번 넘게 휴대폰을 본다. 시후는 왜 나에게 연락을 안 할까? 내가 준 쪽지를 잃어버린 걸까?

 ### 똑똑 맞춤법

하마터면은 '조금만 잘못했더라면'이라는 뜻으로 위험한 상황에서 겨우 벗어났을 때 쓰는 말이에요. **하마트면**은 틀린 맞춤법이니 헷갈리지 말아요.

▪ **하마터면** 학교에 늦을 뻔했다.

▪ 신호등을 잘못 봐서, **하마터면** 사고가 날 뻔했다.

56 가게 VS 가개

#친구네_부모님은_무슨_일을_할까? #라이벌_박수빈

★ 4-1 친구들 ★ 👤 10

현호
얘들아, 우리 아빠가 자전거 **가개**를 열었어.
자전거 필요한 사람은 우리 **가개**에 와서 사.
내 친구라고 말하면 할인해 준대!

준수
우리 엄마는 빵 **가개** 하는데.

루아
오, 다들 멋지시다! 근데 **가게** 아니야?

유진
이루아 맞춤법 꽤 쓸 만한데?

수빈
그러면 뭐 해?
화장실 낙서 범인이랑은 말싸움해서 졌다며?

루아
그 이야기가 여기서 왜 나와?

수빈
난 학교 담벼락에 적힌 대로 이야기한 것뿐이야.
틀린 말 한 것도 아니잖아?

루아
너 지금 뭐라 그랬어?

유진
얘네 또 싸우네. 😑

수빈
이것 봐.

채유진은 이루아랑 친하니까

맨날 이루아 편만 들고.

치사하다. 치사해.

루아의 마음 일기

역시 수빈이는 나랑 안 맞는다. 분명 화가 나는데, 수빈이가 틀린 말을 한 건 아니라서 반박할 수 없었다. 하…… 아무튼 나는 아빠한테 자전거를 갖고 싶다고 이야기했다. 조심히 타겠다는 약속도 했다. 이번 주말에 현호네 가게에 가서 초록색 자전거를 살 거다!

똑똑 맞춤법

가게는 '물건을 파는 작은 집'이에요. 가게와 가개는 발음이 아주 비슷해서 많이 헷갈려요. 하지만 가개는 틀린 맞춤법이에요.

▌ 나는 꽃 가게에서 작은 화분을 샀다.
▌ 우리 동네에 새로운 옷 가게가 생겼다.

57

안 해 VS 않 해

#긴급_가족회의 #이로운을_소환하라

♥ 우리 가족 ♥ 👤 4

루아
> 긴급 가족회의를 열겠습니다! 😳

엄마
> 무슨 회의? 엄마 지금 퇴근 중이야. 말해 봐.

아빠
> 아빠는 엘리베이터! 곧 집에 도착해.

루아
> 아아, 그럼 말할게.
> 봄이는 우리 가족인데
> 이로운은 봄이를 위해 아무것도 않 해.
> 밥이랑 물도 안 챙기고, 똥도 안 치워! 😠

로운
> 나도 하려고 했어.
> 그런데 고양이 똥 냄새가 너무 고약해서…….
> 나 그거 않 해! 다른 거 하면 안 될까?

엄마
> 잠깐, 않 해는 틀린 말이야.

아빠
잘 보살피기로 약속하고 안 지키면 안 되지.

 로운
알았어. 내일부터는 안 하는 일 없을 거야!

루아
좋아, 가족회의 끝!

루아의 마음 일기

봄이의 털이 보송보송해졌다. 나는 엄마한테 나도 아기 때 이렇게 귀여웠는지 물어보았다. 그러자 엄마는 내가 봄이보다 100배 더 귀여웠다고 했다. 하하! 우리 가족은 봄이를 사랑한다. 봄이도 그걸 알고 있을까?

똑똑 맞춤법

어떤 행동 앞에 '안'이 오면 부정이나 반대의 뜻이 돼요. '안'은 단독으로 쓰일 수 있지만, '않'은 한 글자 단독으로 쓰일 수 없어요. 그래서 안 해가 맞고, 않 해는 틀려요.

▪ 나랑 친구는 싸워서 인사를 안 해.

▪ 어젯밤에 숙제를 안 하고 잤어.

58

얘기 VS 예기

#과연_오빠는_비밀을_지킬까? #예뻐지고_싶어

로운 2

루아
> 오빠, 엄마한테 내 예기했어?

로운
> 어제 우유 쏟은 거?

루아
> 그거 말고!

로운
> 그러면 단원 평가 망친 거?

루아
> 그것도 말고!

로운
> 그런데 예기가 뭐냐? 얘기 아니야?

루아
> 그래, 얘기! 정말 얘기 안 했어?

로운
> 아, 엄마 립스틱 몰래 바르다가 부러뜨린 거?

루아
> 응, 그거…….

로운
까먹고 있었는데

생각난 김에 얘기해야겠다!

엄마!

루아
안 돼!

멈춰!

쉿! 루아의 마음 일기

고학년 언니들 중 몇 명은 화장을 해서 입술이 빨갛다. 그래서 나도 언니들을 따라 해 보고 싶었다. 나는 집에 아무도 없는 걸 확인한 뒤 엄마 화장대로 갔다. 분홍색 립스틱을 입술에 갖다 댄 그 순간, 립스틱이 뚝 부러졌다. 오싹한 기분이 들어 뒤를 돌아보니 이로운이 나를 보고 웃고 있었다. 제발 비밀 지켜 줘!

똑똑 맞춤법

얘기는 '이야기'가 줄어든 말이에요. 이야기의 'ㅣ'와 'ㅑ'가 합쳐져 얘기의 'ㅒ'가 되었어요. 예기는 틀린 맞춤법이에요.

▌친구와 얘기하면서 걸어가니 집에 금방 도착했다.

▌선생님에게 나의 고민을 얘기했다.

59 까닭 VS 까닥

#내_주변을_맴도는_첫사랑 #시후의_차가운_눈빛?

유진 2

유진
오늘 강시후랑 강시후 엄마가 우리 집에 왔어!
강시후 엄마랑 우리 엄마랑 친하대.
처음 알았어.

루아
헐! 시후가 내 이야기 안 해?
아직도 연락이 안 와.
무슨 **까닥**일까?
좀 알고 싶다. 😭

유진
까닥 말고 **까닭**!
넌 강시후 만나기 전에
맞춤법 공부 좀 더 해야겠다.

루아
아무래도 그럴지? 😅
맞춤법 틀리는 거 보면
나한테 실망할지도 몰라.

유진
근데 강시후의 눈빛이
무슨 까닭인지 조금 차가워진 것 같아.

루아
진짜? 더 멋있겠는데?
네 말 들으니까 얼른 제대로 만나고 싶다!

쉿! 루아의 마음 일기

어렸을 때 시후는 정말 착했다. 항상 친구들한테 장난감을 양보했고, 아이들이 놀려도 가만히 있었다. 그래서 나도 괜히 시후를 놀렸던 적이 있다. 다시 시후를 만나게 된다면 그 행동들을 꼭 사과하고 싶다. 그리고 좋은 친구가 되고 싶다고 말할 생각이다. 제발 연락이 왔으면 좋겠다.

 ### 똑똑 맞춤법

까닭은 '일이 생기게 된 원인이나 조건'을 말해요. 까닭의 발음이 [까닥]이어서 표기도 까닥이라고 생각하기 쉽지만, 까닥은 틀린 맞춤법이에요.

▪ 친구가 서럽게 울기에, 무슨 까닭이냐고 물었다.
▪ 나는 우유를 마시면 까닭 없이 배가 아프다.

60

되게 vs 디게

#반전의_대반전 #내가_알던_네가_아니야

시후 2

(알 수 없음)
이미 네가 진 것 같은데?
덤비라고 할 시간에
맞춤법 공부나 제대로 해.
또 편지 남길게.

루아
야! 당장 돌아와!

———— 여기까지 읽음 ————

시후
안녕?

루아
시후야!
어? 뭐야?
네가 저번에 말싸움을 건 거야?
디게 황당하네. 도대체 나한테 왜?

시후
디게가 아니라 되게야.

루아

> 우리 친구잖아!

> 그럼 화장실 낙서도 네가 쓴 거야?

시후

> 너 되게 웃긴다. 우리는 친구가 아니야.

> 네가 나한테 말도 제대로 못한다고 놀렸잖아.

> 더 이상 당하지 않아. 각오해.

쉿! 루아의 마음 일기

너무 부끄러워서 볼이 빨개졌다. 내가 옛날에 시후에게 무슨 말을 했는지 기억이 나지 않아서 더 괴로웠다. 시후는 나 때문에 유치원을 옮긴 걸까? 상처를 많이 받아서? 유치원 때 내가 한 일을 사과하고 싶다. 그런데…… 그렇다고 우리 학교에 나에 대한 나쁜 소문을 내다니. 나는 어떻게 해야 할까? 머릿속이 복잡하다.

똑똑 맞춤법

되게는 '매우 몹시'라는 뜻이에요. 비슷한 말로 '된통'이 있어요. 디게는 세상에 없는 말이에요.

- 급식을 되게 빨리 먹었다.
- 오늘따라 친구가 되게 반가웠다.

몰랐던 이야기

* 만화 속 틀린 맞춤법을 모두 찾아보아요.

61. 잊어버리다 vs 잃어버리다

#나는_나쁜_아이였을까? #친구들의_떡볶이_위로

유진 2

유진
오늘 글짓기 학원 왜 안 왔어?
어디 아파?
왜 읽고 답장 안 해?

루아
학원 시간을 잃어버렸어. 😢

유진
시간을 잊어버렸구나.
그런데 왜 이렇게 기운이 없어?

루아
음, 나 이제 글짓기 학원 안 다녀도 될 것 같아.

유진
왜?
화장실 낙서 범인이랑 말싸움해서 이겨야지!
강시후도 만나야 하고!

루아
강시후 이야기는 안 하고 싶어. 😭

유진
너 무슨 일 있구나?

루아
유진아,
나 너무 괴로워.

루아의 마음 일기

글짓기 학원을 안 갔다. 혹시나 강시후를 마주치게 되면 뭐라고 해야 할지 몰라서 집에 있었다. 톡톡을 보고 유진이와 예린이가 우리 집으로 왔다. 나는 모든 이야기를 털어놓았다. 유진이와 예린이는 깜짝 놀랐다. 강시후가 화장실 낙서 범인이라니! 첫사랑이 나에게 복수를 하다니! 우리 셋 다 머리가 지끈거렸다.

 똑똑 맞춤법

잊어버리다는 '한번 알았던 것을 기억하지 못하다'라는 뜻이에요. 잃어버리다는 '가졌던 물건이나 땅, 자리, 사람과의 관계, 기회 등이 사라지다'라는 뜻이지요. 상황에 맞는 적절한 표현을 쓰도록 해요.

▪ **친구와의 약속을 잊어버렸다.**

▪ **잠깐 한눈판 사이에 휴대폰을 잃어버리고 말았다.**

62

빌려 VS 빌러

#코끼리_지우개를_찾습니다 #나를_싫어하는_박수빈

★ 4-1 친구들 ★ 👤 10

수빈
내 코끼리 모양 지우개 **빌러** 간 사람 누구야?

민준
난 안 **빌러** 갔어.

윤오
나도 아니야.

수빈
여자 목소리였는데.
이루아 너 아니야? 😠

루아
나 아니거든? 그리고 **빌려** 가다가 맞아.

수빈
아니면 아니지.
왜 맞춤법 아는 척이야?

유진
수빈아, 내가 네 지우개 쓰고 필통에 넣어 뒀어.

수빈
필통에 없으니까 하는 말이지!

예린
유진이가 수빈이 필통에
지우개 넣는 거 내가 봤어.

수빈
다시 찾아보니까 필통에 있네.
오해해서 미안.

유진
아무튼 지우개 빌려줘서 고마워.

쉿! 루아의 마음 일기

　　박수빈은 무슨 일만 생기면 가장 먼저 나를 의심한다. 흥! 오늘은 글짓기 학원에 갔다. 강시후가 있는지 유진이가 망을 봐 주었다. 유진이와 예린이는 내가 먼저 시후에게 사과를 하면 좋겠다고 한다. 당연히 그럴 생각이지만……. 아직 시후 얼굴을 볼 용기가 안 난다.

똑똑 맞춤법

'남의 물건이나 돈을 나중에 돌려주기로 하고 쓸 때, 남의 도움을 받거나 사람이나 물건 등에 기댈 때' 우리는 '빌리다'라고 해요. '빌리다'는 문장에 따라 빌려로 쓸 수 있어요. 빌러는 틀린 맞춤법이에요.

🔖 동생이 나에게 천 원을 빌려 갔다.
🔖 아빠의 머리를 빌려서 수학 문제를 풀었다.

63

발자국 vs 발자욱

#발자국도_귀여워 #고양이는_사랑이다

이모 2

루아
> 이모! 봄이는 잘 지내고 있어.
> 발도 진짜 커졌어. 이 **발자욱** 좀 봐.
> 귀엽지?

이모
> 봄이 **발자국** 모양이 뚜뚜랑 똑같네.
> 역시 모녀 사이인가 봐.

루아
> 아, **발자국**!
> 요즘 맞춤법 공부를 안 했더니. 😥

이모
> 왜? 한동안 열심히 하더니?

루아
그냥 그렇게 됐어.

이모
무슨 일일까? 봄이 보면서 기운 내자!
아자 아자! 😊

루아
고마워, 이모.

루아의 마음 일기

봄이는 무럭무럭 잘 자라고 있다. 얼굴은 아직 아기이지만 엉덩이는 뚜뚜만큼 토실토실해졌다. 나중에 알고 보니 오빠가 봄이에게 밥을 너무 많이 주고 있었다. 오빠는 봄이가 귀여워서 어쩔 수 없었다고 했다. 하긴, 봄이는 내가 본 고양이 중에 가장 예쁘다!

똑똑 맞춤법

발자국은 '발로 밟은 자리에 남은 모양'을 말해요. 발음은 [발짜국]이에요. 간혹 시나 소설에서 **발자욱**이라고 쓰는 경우도 있지만, 올바른 표준어는 **발자국**이에요.

▪ 눈이 오면 길거리에 많은 **발자국**이 생긴다.
▪ 베란다에서 이상한 소리가 나서 한 **발자국** 물러섰다.

64

바람 VS 바램

#우울할_땐_나들이가_최고 #달콤한_초코케이크

♥ 우리 가족 ♥ 4

로운
나 소원이 있어!
자연사 박물관에 가서 공룡 화석 보고 싶어.

엄마
이번 주 토요일에 갈까?

아빠
아빠도 어릴 때 공룡 좋아했어.

루아
난 그냥 집에서 봄이랑 놀래.

엄마
요즘 루아가 자꾸 집에만 있어서 걱정이야.

아빠
맞아.
가족끼리 같이 갔으면 하는 바람이네. 🙂

루아
바람은 부는 거고,
바램이 맞는 거 아니야?

엄마
많이들 헷갈리지만, 정답은 바람!

 아빠
박물관 갔다가 초코케이크 먹으러 가는 건 어때?

루아
흠, 케이크는 좀 끌리네. 😣

 로운
좋아, 온 가족 출동이다! 👍

쉿! 루아의 마음 일기

오빠는 자연사 박물관에서 공룡 화석을 보자마자 소리를 지르며 좋아했다. 사실 나도 공룡을 좋아한다. 하지만 강시후 일 때문에 기운이 없었다. 엄마는 나에게 무슨 일이 있다는 것을 눈치챘지만 캐묻지 않아서 감사했다. 관람을 마친 뒤 먹은 초코케이크는 잠깐이나마 강시후를 잊을 만큼 너무너무 맛있었다!

똑똑 맞춤법

바람은 '어떤 일이 이루어지기를 바라는 간절한 마음'이에요. 비슷한 뜻의 단어는 '소망, 소원'이 있어요. 바램은 틀린 맞춤법이니 헷갈리지 말아요.

- 부모님의 바람대로 나는 건강하게 자라고 있다.
- 올해 나의 바람은 공부를 조금만 하는 것이다.

65 쩨쩨하다 VS 째째하다

#친구가_어른처럼_보일_때 #내가_아는_이민준_맞아?

민준 2

민준
강시후가 화장실 낙서 범인이라고?
정말 쩨쩨하네!
유치원 때 일을 아직도 기억하고 있다니!

루아
쩨쩨한 거 아니야…….

민준
앗, 째째하다인가?

루아
아니, 처음에 말한 쩨쩨하다가 맞아.
시후가 쩨쩨한 게 아니라고.
내가 시후를 상처 준 건 맞잖아.

민준
강시후가 그런 소문까지 냈는데 편들고 싶어?

루아
편드는 게 아니라
내가 시후를 놀렸으니까…….

민준
누가 자기를 놀렸다고 해서
똑같이 돌려줘야 하는 건 아니야.

루아
그래도 내가 잘못한 건 잘못한 거지.
그런데 이민준,
너 갑자기 되게 어른 같다?

쉿! 루아의 마음 일기

　이민준에게 생각지도 못한 위로를 받았다. 조금 의외였다. 내 친구에게 이렇게 어른스러운 면이 있다니……. 나는 민준이와 학교 운동장을 돌며 이런저런 이야기를 나눴다. 몇 바퀴 돌고 나니 기분이 한결 나아졌다. 민준이는 그만 강시후를 잊으라고 했다. 나도 그러고 싶지만 마음대로 잘 안 된다.

 똑똑 맞춤법

쩨쩨하다는 '너무 적거나 하찮아서 시시하다'라는 의미예요. 사람에게 쓸 때는 '용감하지 못하고 마음이 좁다'라는 뜻으로 써요. 째째하다는 없는 말이에요.

▪ 생각보다 운동회가 쩨쩨하고 재미없었다.
▪ 친구가 나에게 쩨쩨하게 굴어서 마음이 상했다.

135

66

멋쩍다 VS 멋적다

#싸움은_끝나지_않았다 #첫사랑이_원수가_되는_순간

시후 2

루아
강시후, 내가 말더듬이라고 놀린 거 미안해.
사과하려고 했는데
갑자기 네가 유치원을 옮겨서 기회를 놓쳤어.
정말이야.

 시후
알겠어.

루아
화 푼 거야? 조금 **멋적다**. 😢

 시후
멋쩍다가 맞거든?

루아
앗, 틀렸네. 또 **멋쩍다**. 😢

 시후
사과는 받아 줄게. 하지만 화는 안 풀렸어.

루아
그, 그래?

시후
년 하나도 안 변했어.

내 사촌인 민세한테도 시비 걸었다며?

루아
그건 김민세가 우리 반을 욕해서 그런 거야!

 시후
어쨌든 우리 싸움은 아직 안 끝났어.

두고 봐.

쉿! 루아의 마음 일기

시후는 나랑 계속 싸우고 싶은가 보다. 첫사랑이 이뤄지는 건 바라지도 않는다. 시후랑 친구라도 됐으면 좋겠는데, 왠지 힘들 것 같다. 게다가 시후와 나의 문제에 김민세 이야기까지 나왔다. 나도 이제 뭐가 뭔지 모르겠다.

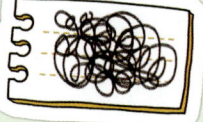

! 똑똑 맞춤법

멋쩍다는 '어색하고 쑥스럽다'라는 뜻이에요. 발음도 [멋쩍다]여서 표기와 발음이 똑같아요. **멋적다**는 틀린 맞춤법이에요.

▪ 방귀를 뀐 짝꿍이 **멋쩍은지** 눈치를 살폈다.
▪ 나는 새 학기 교실 분위기가 **멋쩍어서** 계속 웃기만 했다.

67

꽤 VS 꾀

#삼총사_긴급회의를_열다 #고민이_깊어지는_밤

♨ 영원한 삼총사 ♨ 👤 3

유진
강시후랑 김민세가 사촌이라고?

루아
내가 저번에 말 안 했나?
둘이 이종사촌이래.
으으, 머리 아프다!

예린
강시후가 화가 꾀 많이 났나 봐. 😢

유진
꾀가 아니라 꽤!

예린
정말? 난 꾀가 맞다고 생각했는데.

유진
예린이 너도 글짓기 학원 같이 다니자!

루아
난 글짓기 학원 그만둘 거야.

유진
강시후 때문에 학원까지 그만두는 건 아니야!

예린
맞아.
그리고 또 말싸움하기로 했다며.
너도 맞춤법 공부 계속해야지!

루아
그런가?
난 우리가 왜 또 싸워야 하는지 모르겠어.

쉿! 루아의 마음 일기

결국 나는 글짓기 학원으로 향했다. 글짓기 선생님은 학원에 오랜만에 온 나를 반갑게 맞아 주셨다. 친구들에게는 학원을 그만둘 거라고 말했지만, 사실 진심이 아니었다. 학원에 나오라고 한 유진이에게 문득 고마워졌다. 그래, 마음 다잡고 열심히 공부하는 거야!

똑똑 맞춤법

꽤와 꾀는 전혀 다른 의미의 단어예요. 꽤는 '보통보다 조금 더 한 정도'라는 뜻이고, 꾀는 '일을 잘 해결해 나가는 색다른 생각'이라는 뜻이지요.

- 거울에 비친 내 모습이 꽤 멋져 보였다.
- 우리 집에서 외할아버지 집까지는 거리가 꽤 멀다.
- 나는 친구 집에 놀러 갈 꾀를 만들어 냈다.

68 내 거 VS 내 꺼

#이상하게_사이좋은_남매 #오빠_놀리는_건_꿀맛

로운 2

로운
너 내 포도 맛 젤리 먹었지? 내 꺼인데!

루아
무슨 소리야?
나 포도 안 좋아하잖아.

로운
너 저번에 포도 주스도 마시고,
포도 맛 아이스크림도 먹었잖아.

루아
그랬나?

로운
네가 내 꺼 먹은 거 맞지?

루아
내 꺼가 아니라 내 거거든.
오빠 맞춤법 틀렸으니까
포도 맛 젤리는 내 거! 😛

로운
그러면 네 초코 과자는 내가 먹을 거야.

> 루아
> 이걸 어쩌지?
> 그건 내가 아까 다 먹었는데?
> 뺏어 먹을 게 없어서 어떡한담?

> 로운
> 이루아, 너 진짜!

쉿! 루아의 마음 일기

왜 오빠가 먹는 건 더 맛있어 보일까? 원래 나는 포도보다 딸기를 더 좋아한다. 하지만 오빠가 포도를 좋아하니까 덩달아 나도 포도가 좋아졌다. 나는 자꾸만 오빠가 좋아하는 걸 따라서 좋아하고 있다. 오빠는 그게 너무 약이 오른다고 한다. (사실 오빠가 약 오를 걸 알고 내가 일부러 따라 하는 거다! 히히.)

똑똑 맞춤법

내 물건은 '내 것'이라고 해요. '것'은 '어떤 물건이나 일, 현상'을 말하지요. '것'을 일상적인 대화에서 쓰는 말로 바꾸면 '거'가 돼요. 그래서 내 거가 맞고, 내 꺼는 틀려요.

■ 내가 먼저 집었으니까, 그건 내 거야.

■ 엄마가 피자를 내 거와 동생 거로 나눠 주셨어.

69 구시렁거리다 VS 궁시렁거리다

#외할머니도_틀릴_때가_있다 #그럴_수_있지

외할머니 2

루아
할머니, 이번 주말에 할머니네 갈 거래!

외할머니
우리 강아지들 보겠네.
할머니는 너무 좋아.

루아
그런데 오빠가 자전거 가져가고 싶다고 구시렁거려.

외할머니
궁시렁거려 아닌가?

루아
궁시렁거려는 사투리야.
구시렁거려가 표준어야. 🙂

외할머니
아이고, 할머니가 잠깐 헷갈렸네.

루아
그럴 수 있지.
맨날 다 맞히면 재미없잖아!

외할머니
우리 손녀, 말도 잘해! 👍
참, 할머니가 루아 선물을 준비했어.

루아
뭔데, 뭔데?

외할머니
선······.

쉿! 루아의 마음 일기

꽤 오랫동안 할머니를 못 만났다. 우리는 봄이 때문에 집을 오래 비울 수 없었고, 할머니는 여러 모임 때문에 바쁘셨다. 그래서 이번 주말에 시간을 내서 할머니네에 가기로 했다. 할머니는 나에게 주려고 예쁜 선인장 화분을 사 놓으셨단다. 꽃이 피는 선인장이라는데, 너무 궁금하다!

똑똑 맞춤법

구시렁거리다는 '못마땅한 마음에 듣기 싫은 소리를 자꾸 하다'라는 뜻이에요. '궁시렁거리다, 궁싯거리다, 굼실거리다'는 모두 구시렁거리다의 사투리예요. 표준어 구시렁거리다를 쓰도록 해요.

▪ 숙제가 너무 하기 싫어서 나도 모르게 구시렁거렸다.
▪ 동생은 삐지면 계속 구시렁댄다.

70 -로서 VS -로써

#삼총사의_위기 #싸우면서_커지는_우정

★ 4-1 친구들 ★ 👤 10

예린
우리 반 부회장으로써 충격적인 소식을 들었어!

수빈
뭔데? 😕

예린
우리 반 회장 준수가 전학을 간대!

유진
부회장으로써가 아니라 부회장으로서야.

예린
지금 그게 중요해?

유진
중요하지.
난 우리 반 맞춤법 담당으로서 틀린 건 꼭 말해야 해!

예린
어휴! 그냥 좀 넘어가 주면 안 돼? 😡

준수
저기 얘들아,
나 전학 안 가. 😅

유진
뭐야, 우예린 잘못 들은 거네.

준수
어디서 그런 소문이 난 거지?
내가 회장으로서 알아볼게.

쉿! 루아의 마음 일기

우리 반 단체 대화방에서 유진이와 예린이가 싸웠다. 난 톡톡을 늦게 확인해서 둘이 싸운 줄도 몰랐는데, 다음 날 학교에 가니까 둘이 한마디도 안 하는 게 아닌가! 나는 유진이와 예린이를 화해시키기 위해 우리 집으로 불렀다. 봄이랑 같이 놀다 보니 두 사람은 자연스럽게 화를 풀었다. 휴, 다행이다.

똑똑 맞춤법

-로서는 '사람의 지위나 신분, 자격'을 나타낼 때 써요. -로써는 '어떤 물건의 재료, 어떤 일의 기준이 되는 시간'을 나타낼 때 써요. 뜻을 분명히 구분하여 알맞게 사용해요.

▪ 나는 봄이의 반려인<u>으로서</u> 봄이를 아주 사랑한다.
▪ 친구<u>로서</u> 힘든 일이 있으면 도와주는 게 당연하다.
▪ 쌀<u>로써</u> 밥도 만들고 떡도 만든다.
▪ 오늘<u>로써</u> 우리가 친구가 된 지 2년이 되었다.

71

맞히다 VS 맞추다

#해야_할_공부가_많아 #아직_놀고_싶은_열한_살

민준 2

민준

수학 숙제 다 했어?

루아
아니…….
하기 싫어…….
수학은 공부해도 모르겠단 말이야.
문제도 못 **맞추겠고**.

민준

너도? 나도. 😅
난 수학 학원 다녀도 그래.
우리 엄마한테는 비밀이야.

루아
그런데 **맞추다**랑 **맞히다** 중에
뭐가 맞지?

민준

나야 모르지. 😜
국어사전에서 찾아봐.

> 루아
> 수학 문제는 **맞히다**가 맞네.
> **맞추다**는 다른 문장에서 쓰는구나.
> 너도 국어 공부 좀 해라!

민준
> 공부하기 싫어.
> 우린 아직 열한 살이라고! 😢

쉿! 루아의 마음 일기

나는 지금 글짓기 학원만 다니고 있지만, 학원 여러 곳을 다니는 친구들도 있다. 한창 놀아야 할 나이에 이게 진짜 맞는 걸까? 아무리 생각해도 우리나라는 아이들에게 공부를 너무 많이 시키는 것 같다.

똑똑 맞춤법

맞히다는 '정답이 맞다, 주사나 침을 맞다, 비를 맞다'의 '맞다'에 '-히-'가 붙은 말이에요. **맞추다**는 '떨어져 있는 부분을 제자리에 붙이다, 두 개 이상의 대상을 비교하다'라는 의미를 가지고 있어요.

▪ 받아쓰기 정답을 많이 **맞혀서** 90점을 받았다.
▪ 의사 선생님이 내 엉덩이에 주사를 **맞혔다**.
▪ 동생과 퍼즐 **맞추기**를 했다.
▪ 체조 시간에 짝꿍과 동작을 **맞추었다**.

72

횟수 VS 회수

#달밤에_줄넘기 #불리하면_맞춤법_지적하기

로운 👤2

로운
아까 나 줄넘기 몇 번 했는지 횟수 세었지?

루아
20번인가?
30번인가?

로운
뭐야, 정확하게 안 셌어?

루아
2단 뛰기는 너무 빠르단 말이야.
그러니까 누가 그렇게 빨리 뛰래!

로운
네가 제대로 세어 준다며!
나 내일까지 2단 뛰기 총 몇 번 뛰었는지
횟수 적어 가야 한단 말이야.

루아
미안…….
근데 횟수가 아니라 회수 아니야?

로운
> 횟수 맞거든?

> 너 괜히 불리하니까 말 돌리는 거지?

루아
> 어떻게 알았어? 어쨌든 미안해.

로운
> 어쩔 수 없지. 내 마음대로 쓸 수밖에.

쉿! 루아의 마음 일기

한밤중에 오빠가 줄넘기하는 것을 봐 달라고 부탁했다. 줄이 빠르게 돌아갈수록 내 눈은 핑핑 돌았다. 내가 횟수를 제대로 못 센 바람에 오빠는 40번을 뛰었다고 적어 갔다. 아무리 그래도 횟수를 너무 부풀렸다고 생각했는데, 오빠는 다음 날 학교에서 정말로 40번을 뛰었다. 어쩌면 오빠는 줄넘기 천재가 아닐까?

똑똑 맞춤법

횟수와 회수는 뜻이 달라요. 횟수는 '돌아오는 차례의 숫자'라는 뜻으로 [회쑤]라고 발음하지요. 회수는 '다시 거두어 들이다'라는 뜻으로 발음도 [회수]예요. 숫자를 셀 때는 횟수가 맞으니 헷갈리지 말아요.

▪ 3학년 때 내가 지각한 횟수는 세 번이야.
▪ 선생님이 시험지를 회수해 가셨어.

73

치고받다 vs 치고박다

#시후의_말싸움_예고 #이_싸움의_끝은?

♨ 영원한 삼총사 ♨ 👤 3

루아
오늘 김민세가 나한테 쪽지를 줬어.

유진

김민세가? 보여 줘!

루아

예린

드디어 둘이 **치고박고** 하는 거야?

유진

그런데 루아 너 공부 많이 했어?

루아
아니 못 했어…….

예린

그럼 어떡해?

루아
> 하지만 **치고박고**가 틀린 건 알아. **치고받고**가 맞지.

예린
> 왠지 예감이 좋은데?
> 네가 강시후를 이길 것 같아.

루아
> 내가 강시후를 이기면 뭐가 좋은 거지? 😩

쉿! 루아의 마음 일기

그동안 강시후를 잊고 있던 게 아니다. 가슴이 답답해서 잠깐 생각을 미뤄 뒀을 뿐이다. 시간이 갈수록 이런 생각이 들었다. 내가 강시후랑 왜 싸워야 하지? 이 싸움 끝에는 뭐가 있지? 마음이 복잡하다.

! 똑똑 맞춤법

치고받다는 '치다'와 '받다'가 합쳐진 말이에요. '치다'는 '손이나 손에 든 물건으로 세게 부딪게 하다'라는 뜻이고, '받다'는 '머리나 뿔 등으로 세차게 부딪치다'라는 뜻이지요. 합치면 '서로 말로 다투거나 때리며 싸우다'라는 뜻이 돼요. **치고박다**는 없는 말이에요.

▪ 우리 집 햄스터들은 툭하면 **치고받는다**.
▪ 언니가 나를 놀려서 나도 모르게 **치고받아** 버렸다.

74

그러든지 말든지 VS 그러던지 말던지

#갑작스러운_김민세의_연락 #들어주기_힘든_부탁

민세 2

민세
이루아, 나야.

루아
네가 내 번호는 어떻게 알았어?

민세
수요일 방과 후에
시후가 우리 학교 앞으로 올 거야.

루아
그러든지 말든지.
쪽지에서 한 이야기를 왜 또 하는 거야?

민세
시후는 정말 너를 이기려고 할 거야.

루아
그러든지 말든지!

민세
그러니까 네가 좀 져 주면 좋겠어.

루아
뭐라고?

민세
근데 그러던지 말던지 아니야?

루아
그러든지 말든지가 맞거든?

 민세
아, 그래?
어쨌든 부탁 좀 할게. 왜냐하면……

쉿! 루아의 마음 일기

　김민세에게 충격적인 이야기를 들었다. 유치원 때 내가 놀렸던 일로 시후가 말 더듬는 것을 고치기 위해 엄청 노력했다는 것이다. 나중에 내게 달라진 모습을 보여 주려고 그때부터 책도 소리 내서 열심히 읽었단다. 김민세는 수요일에 시후가 진다면 크게 실망할지도 모른다고 했다. 이 부탁을 어쩌면 좋을까?

 똑똑 맞춤법

그러든지 말든지는 '그렇게 하다'와 '-든지'가 합쳐진 말이에요. '어떤 일을 그렇게 해도 좋고 안 해도 좋다'라는 뜻이지요. 그러던지 말던지는 틀린 맞춤법이에요.

▪ **내가 화났는데도, 오빠는 그러든지 말든지 신경도 안 썼다.**

▪ **누가 뭐라고 하든지 말든지 나는 노래를 멈추지 않았다.**

75

부기 VS 붓기

#어리광_부리고_싶은_날 #관심받고_싶어요

엄마 2

루아
엄마, 나 다쳤어. 😭

엄마
뭐? 어디? 엄마가 지금 전화할게.

루아
전화 안 해도 돼.
그냥 벽에 머리를 쿵 부딪혔어.

엄마
크게 쿵 했어? 혹은 안 생겼고?

루아
만져 보니까 약간 **붓기**가 있어.

엄마
부기가 있다고?
엄마가 영상 통화 걸게.
받아 볼래?

루아
영상 통화는 조금 곤란한데. 😅

엄마: 왜? 얼마나 부었는지 확인해 볼게.

루아: 다시 만져 보니까 붓기, 아니 부기가 없어진 것 같아.

엄마: 응? 부기가 갑자기 사라졌다고?

쉿! 루아의 마음 일기

가끔은 엄마에게 어리광을 부리고 싶다. 그래서 조금만 다쳐도 엄마에게 조르르 달려가 시시콜콜 이야기한다. 엄마가 날 달래 주는 게 좋으니까! 아까 벽에 머리를 부딪혔을 때는 진짜로 큰 소리가 났다. 하지만 머리는 아주 멀쩡했다. 오빠 말대로 나는 돌머리인 걸까? 인정하고 싶지 않아서 엄마에게 톡톡으로 칭얼댔다.

똑똑 맞춤법

부기란 '몸이 부은 상태'를 말해요. 살이나 어떤 기관이 부풀어 오를 때 사용하는 '붓다'의 명사형이지요. 원래 형태가 '붓다'여서 헷갈릴 수 있지만, 붓기는 틀린 말이에요.

▪ 부기를 빼기 위해 얼음 마사지를 했다.
▪ 달리기를 하다 넘어져서 발목에 부기가 올랐다.

76

간질이다 vs 간지르다

#내가_특별히_잘하는_것은? #친구의_특기_찾아_주기

♨ 영원한 삼총사 ♨ 👤 3

예린
너희 오늘 학교에서 〈나의 특기〉 뭐 썼어?

유진
나는 글짓기라고 썼어. 🤓

루아
난 말싸움이라고 적었다가
토론하기로 바꿨어. 🙂

예린
부럽다. 나는 특기가 없어서 우울해. 🙇

루아
엥?
너한테 아주 대단한 특기가 있잖아!
발바닥 **간질러도** 참기!

예린
맞다, 난 아무리 **간질러도** 아무렇지 않아.

유진
간지르다가 아니라 **간질이다**야.
그래서 '발바닥 **간질여도** 참기'라고 해야 해.

예린
유진이의 특기 추가!

말 끊기,

맞춤법 지적하기!

루아
옳소, 옳소! 🙂

너희 둘 다 〈나의 특기〉 다시 적어야겠는데?

쉿! 루아의 마음 일기

오늘 교실 게시판에 자기소개서를 붙였다. 자기소개서에는 이름과 내가 좋아하는 것, 되고 싶은 것, 나의 특기를 적는 칸이 있었다. 나는 이루아, 좋아하는 것은 봄이, 되고 싶은 것은 작가, 특기는 토론하기라고 썼다. 안 그래도 예린이의 자기소개서에 특기가 비어 있어서 궁금했는데, 내가 예린이의 특기를 찾아 주어서 뿌듯하다!

똑똑 맞춤법

간질이다는 '살을 문지르거나 건드려서 간지럽게 하다'라는 의미예요. 왠지 '간지럽다'와 비슷한 간지르다가 맞는 표현 같지만 틀린 말이지요. 간질이다와 같은 말에는 '간지럽히다'가 있어요.

▪ 바람이 내 얼굴을 간질였다.

▪ 아빠의 발바닥을 간질이는 건 세상에서 가장 재미있다.

77

역할 VS 역활

#사랑이_넘치는_우리_집 #오빠의_역할은?

♥ 우리 가족 ♥ 4

로운
나 오늘 학교에서 **역할**에 대해 배웠어.

아빠
좋은 거 배웠네, 우리 로운이.

로운
나는 우리 집에서 무슨 **역할**이야?

엄마
엄마 아빠가 사랑하는 아들 **역할**이지.

루아
나는 우리 집에서 맞춤법 검사자 **역할**!

로운
그건 또 무슨 **역할**이야?

루아
역활은 틀렸고,
역할이 맞다는 말이지!

엄마
우리 딸 멋지다!
짝짝짝! 👏

아빠
그리고 우리 로운이는

우리 집에 웃음을 주는 역할이지. ♥

루아
오빠가 웃기긴 해. 인정!

 로운
역시 난 사람을 웃기는 데 자신 있어!

루아의 마음 일기

요즘은 내가 오빠보다 책을 더 많이 읽는다. 자신감을 얻은 나는 가끔 오빠의 교과서를 슬쩍 훔쳐보며 모르는 단어가 몇 개 있는지 세어 본다. 참, 며칠 전에 텔레비전을 보다가 깜짝 놀랐다. 유명한 연예인이 틀린 맞춤법을 사용한 것이다. 역시 맞춤법은 어른에게도 어려운가 보다.

똑똑 맞춤법

역할은 '자기가 해야 하는 직책이나 임무, 영화나 연극에서 배우가 맡은 임무'를 뜻해요. 역활은 틀린 맞춤법이에요.

▪ 대청소를 하기 전에 각자 역할을 정했다.
▪ 나는 연극에서 주인공 역할을 맡았다.

78

들르다 VS 들리다

#나는_사랑의_메신저 #이민준♥우예린

민준 👤 2

민준
이따가 너희 집에 **들릴게**.
사회 모둠 숙제 같이 하자.

루아
아니야, 아니야!

민준
뭐가 아니야?
숙제 안 해? 😳

루아
들리면 안 돼. **들러야** 해!
그래서 **들를게**가 맞아.

민준
아, 맞춤법 얘기였어?
그러면 6시에 너희 집에 **들를게**.

루아
예린이 불러도 되지?
예린이가 우리 숙제 도와준대.

민준
그래?

근데 걔는 우리 모둠도 아니잖아.

루아

그렇긴 한데 예린이가 사회를 잘하잖아!

도움이 될 거야.

아무튼 이따 멋있게 차려입고 와라. 😎

쉿! 루아의 마음 일기

민준이는 잘 차려입기는커녕 흙투성이가 된 채 우리 집에 왔다. 오다가 놀이터에서 놀았다나 뭐라나? 숙제를 하고 있는데 자꾸만 봄이가 민준이의 발 냄새를 맡았다. 우리 봄이는 이상한 냄새에만 코를 갖다 대는데…… 예린이는 이런 민준이가 왜 좋을까?

똑똑 맞춤법

들르다는 '지나가는 길에 잠깐 들어가 머무르다'라는 의미예요. 비슷한 표기의 들리다는 '소리를 듣게 하다, 병에 걸리다'라는 전혀 다른 의미를 가지고 있어요. 상황에 맞는 표현을 쓰도록 해요.

▮ 할머니네에 가는 길에 꽃 가게에 들러서 화분을 샀다.

▮ 음악 소리가 들려서 가던 길을 멈추었다.

▮ 감기에 들린 것 같다.

79

아기 VS 애기

#기다리던_굿보이즈의_컴백 #아기_같은_리더_오빠

유진 2

루아
> 굿보이즈 새 앨범 티저 영상 떴어!

유진
> 헉! 😐

루아
> 유진아, 숨 쉬어!

유진
> 심장이 멈춘 것 같아. 너무 좋아.
> 리더 오빠 피부는 정말 **애기** 같아. 😍

루아
> 채유진, 정신 차례!

유진
> 내가 오빠보다 훨씬 어린데
> 나보다 **애기** 같다니…….

루아
> **애기**가 아니라 **아기**지!

유진
> 난 굿보이즈 이야기만 나오면 맞춤법을 까먹어.

> 루아
> 못 살아!
> 하긴 나도 강시후 앞에서는 더 틀리더라……
> 생각이 안 나. 😵

유진
> 우리 둘 다 정신 차리자!

쉿! 루아의 마음 일기

유진이와 나는 열심히 굿보이즈의 티저 영상을 보았다. 멤버 모두 머리 스타일이 바뀌어서 두 눈을 크게 뜨고 봐야 했다. 유진이도 나처럼 리더 오빠를 좋아한다. 역시 친구끼리는 보는 눈이 비슷하다. 시후를 닮은 리더 오빠를 보다 보니 시후 생각이 난다. 우리의 말싸움 날이 점점 다가오고 있다. 시후가 나 때문에 또 상처받는 것은 싫다. 그렇다고 내가 상처받는 것도 싫고…… 어떻게 해야 할까?

 똑똑 맞춤법

아기와 애기는 모두 자주 쓰이는 단어예요. 하지만 둘 중 아기만 표준어예요. 아기를 부를 때는 '아가'라고 쓸 수 있어요.

🚩 아기 고양이는 너무 귀엽다.

🚩 내가 아기였을 때 사진을 보았다.

80 대가 VS 댓가

#왠지_사과하고_싶은_날 #알고_보니_끈끈한_남매

로운 👤 2

루아
오빠, 나 때문에 화난 적 많지?

로운

갑자기 왜 그래?
뭐 잘못 먹었어? 😠

루아
나 때문에 누가 상처받았대.
내가 한 일에 **대가**를 치르나 봐.

로운

댓가 아닌가?

루아
대가가 맞아.
나 이제 오빠보다 맞춤법 더 잘 안다?

로운

쳇, 처음엔 내가 널 무시했는데.
무시한 **대가**를 이렇게 치르네.
그땐 미안했어.

루아

오빠, 우리 갑자기 사이가 좋아진 것 같아.

 로운

그러게. 너무 어색하다. 😅

루아

나도. 😅

12시 땡 하면 다시 이로운이라고 불러야지!

쉿! 루아의 마음 일기

　내일은 시후랑 말싸움하는 날이다. 학교 가기가 싫다. 꼭 보기 싫은 받아쓰기 시험을 보러 가야 하는 기분이다. 그동안 내가 말로 상처 준 사람이 또 있는지 생각해 보았다. 10초도 안 지나서 우리 오빠가 떠올랐다. 나는 오빠에게 사과를 했고, 오빠는 나의 사과를 받아 주었다. (물론 오빠를 놀리는 일은 멈추지 않을 거다.)

똑똑 맞춤법

대가는 '물건의 값을 치르는 돈, 노력이나 희생을 통해 얻게 되는 결과' 등을 말해요. **대가**의 발음은 [대까]예요. 된소리 때문에 사이시옷이 들어가야 할 것 같지만 **댓가**는 틀린 맞춤법이에요.

▪ 물건을 살 때는 **대가**로 거기에 맞는 돈을 치러야 해.

▪ 늦잠을 잔 **대가**로 지각을 했어.

# 결전의 날

* 만화 속 틀린 맞춤법을 모두 찾아보아요.

81. 날아가다 VS 날라가다

#태풍_경보 #미주의_우산은_어디로_갔을까?

★ 4-1 친구들 ★ 👤 10

준수
아까 미주 우산 **날라간** 거 본 사람!

수빈
나! 바람 진짜 많이 불더라.

예린
내일 태풍 온대. 학교 어떻게 가지?

미주
우산을 들고 있던 나도 **날라갈** 뻔했어.

현호
나도!
누가 내 등을 미는 것 같았어! 😮

유진
날라간 게 아니라 **날아간** 거겠지.

수빈
그렇게 맞춤법을 잘 알면
네 친구한테나 알려 주지 그랬어?

유진
무슨 소리야?

수빈
이루아 말이야.

저번에 운동장에서 망신당했잖아. 아니야?

유진
그 이야기가 여기서 왜 나와?

수빈
내가 뭐 없는 소리 했냐? 😑

쉿! 루아의 마음 일기

나중에 단체 대화방을 보고 조금 화가 났다. 박수빈은 나를 못 잡아먹어서 안달이 난 것 같다. 나는 속으로 내일 박수빈의 우산이 홀라당 뒤집히면 좋겠다고 생각했다. 그리고 오늘 아침! 박수빈이 비에 젖은 생쥐 꼴로 교실에 나타났다. 나의 기도가 통한 걸까? 히히.

똑똑 맞춤법

날아가다는 '공중을 날면서 가다'라는 뜻이에요. 몹시 빠르게 움직일 때를 비유해서 사용하기도 해요. **날라가다**는 틀린 맞춤법이에요.

🔖 비둘기가 멀리 **날아갔다**.

🔖 나는 지각하지 않기 위해 자전거를 타고 거의 **날아갔다**.

82

가만히 VS 가만이

#일부러_진_싸움 #지고도_기분_좋은_적은_처음이야

민세 2

민세
가만이 생각해 봤는데
너 일부러 진 거지?

루아
그냥 그래야 할 것 같았어.

민세
내 부탁 들어줘서 고마워.

루아
아니야. 내가 시후한테 나쁜 말을 한 거잖아.
그리고 **가만히**가 맞거든.
잘 모르면 **가만히** 있어라. 😛

민세
진짜 일부러 진 거 맞구나?
맞춤법 잘 아네.

루아
이제 시후가 그 일을 잊고
행복했으면 좋겠어.

민세
내가 잘 이야기해 볼게.

예쁜 하늘 사진 보면서 좋은 하루 보내! 🙂

쉿! 루아의 마음 일기

김민세랑 웃으면서 대화를 나누다니! 정말 이상한 날이다. 김민세의 말이 맞다. 나는 그날 일부러 져 주었다. 김민세가 부탁해서 그런 건 아니고, 그냥 시후 얼굴을 보는데 더 이상 싸우고 싶지 않았다. 누군가에게 져 준 건 처음이었는데, 기분이 꽤 좋았다.

똑똑 맞춤법

가만히는 '움직이지 않거나 아무 말 없이, 대책을 세우거나 손을 쓰지 않고 그대로' 등의 뜻을 가지고 있어요. **가만이**는 틀린 말이에요.

- **가만히** 누워 있으면 잠이 잘 와.
- 내 동생을 괴롭히면 **가만히** 있지 않을 거야.

83 늘리다 VS 늘이다

#500원만_더_줘 #남매의_용돈_투쟁기

♥ 우리 가족 ♥ 👤 4

로운
엄마 아빠 나 용돈 **늘여** 줘!
일주일에 4000원은 너무 적어!

루아
우아, 오빠 돈 많이 받네!
난 일주일에 2000원인데. 😭
그리고 돈은 **늘이는** 게 아니라 **늘리는** 거야.

아빠
우리 루아 똑똑한데?

루아
그러면 용돈 500원만 **늘려** 줘! 😎

엄마
기분이다!
둘 다 500원씩 **늘려** 줄게.

아빠
나도 용돈 받고 싶다.

엄마
나도. 😉

> 루아
> 내가 나중에 돈 많이 벌어서 엄마 아빠 용돈 줄게.

아빠
> 진짜? 얼마씩?

> 루아
> 일주일에 2500원씩!

쉿! 루아의 마음 일기

오빠 덕분에 나도 용돈을 더 받게 되었다. 신난다! 나는 기분이 좋아져서 오빠에게 초코 과자 한 봉지를 사 주었다. 요새 오빠는 게임기를 사기 위해 용돈을 모으는 중이다. 얼른 오빠가 게임기를 샀으면 좋겠다. (그래야 나도 몰래 가지고 놀 수 있다.)

똑똑 맞춤법

늘리다와 늘이다는 모두 표준어예요. 늘리다는 '수, 시간, 물체의 부피나 넓이, 분량 등을 커지게 할 때' 사용하고, 늘이다는 '원래보다 길이가 길어졌을 때' 사용해요. 길이에 대해서 이야기할 때만 늘이다를 쓴다고 생각하면 쉬워요.

- 몸무게 2킬로그램을 늘리는 게 목표다.
- 어떤 아이가 자기 나이를 한 살 늘려 말했다.
- 바지 길이를 늘였다.
- 나는 피자를 먹을 때 치즈를 쭉 늘여서 먹는다.

84 깍두기 vs 깍뚜기
85 떡볶이 vs 떡볶기

#좋아하는_음식만_먹으며_살_수_없을까? #없다

♨ 영원한 삼총사 ♨ 👤 3

유진
나 엄마랑 싸웠어.
난 **깍뚜기**가 싫은데 자꾸 먹으라고 하잖아.
몸에 아무리 좋아도 내가 싫으면 안 먹고 싶어.

루아
채유진 **깍두기** 진짜 싫어 하나 봐.
맞춤법도 틀렸어.

유진
내가 이럴 때도 있네. **깍두기**! 😤

예린
내가 **떡볶기** 사 줄게. 나와!

유진
떡볶기 말고 **떡볶이**.

예린
채유진 돌아왔네!

루아
> 이제야 좀 유진이답네.
> 삼총사 모여! **떡볶이**는 내가 살게.

 유진
> 신난다! ❤️

쉿! 루아의 마음 일기

　맞춤법 담당 유진이도 가끔 맞춤법을 틀릴 때가 있다. 하긴 나랑 똑같은 열한 살인데 맞춤법을 다 아는 것도 신기한 일 아닌가? 오랜만에 삼총사끼리 떡볶이를 먹으며 깔깔 웃고 있는데, 분식집에 시후랑 김민세가 들어왔다. 순간 분식집 안의 공기가 얼어붙었다.

똑똑 맞춤법

깍두기는 '무를 네모나게 썰어서 만든 김치'예요. **깍뚜기**는 틀린 말이에요.

▪ **깍두기**는 주사위 모양이다.
▪ 나는 김치 중에 **깍두기**를 가장 좋아한다.

떡볶이는 '떡과 여러 채소를 볶아서 고추장이나 간장으로 양념한 요리'예요. **떡볶기**는 틀린 말이에요.

▪ 학교 앞에서 파는 **떡볶이**는 맵지 않고 달콤하다.
▪ **떡볶이**에 들어가는 떡 종류에는 쌀떡과 밀떡이 있다.

86. 핼쑥하다 VS 헬쑥하다

#슬픈_기억_지우는_기계 #아니면_닭다리_두_개

아빠 2

아빠
우리 딸, 요즘 무슨 고민 있어?

루아
아니…….

아빠
정말? 요새 어깨가 축 처져 있고,
얼굴도 핼쑥해지고.

루아
핼쑥하다? 헬쑥하다? 😐

아빠
음, 이건 아빠도 헷갈리네?

루아
만약 아빠가 말한 핼쑥하다가 틀리면
내가 원하는 거 하나 사 줘.

아빠
어쩌지? 핼쑥하다가 정답인데? 😊

루아
아쉽다! 아빠가 틀리길 바랐는데.

아빠
루아가 원하는 게 뭔데?

루아
슬픈 기억 지우는 기계!
아니다, 치킨! 🍗

아빠
알았어, 오늘 저녁에 치킨 사 갈게!

쉿! 루아의 마음 일기

　시후는 분식집에서 나를 보자마자 휙 나가 버렸다. 유진이와 예린이는 신경 쓰지 말라고 했지만 자꾸 신경이 쓰인다. 시후의 화가 덜 풀렸나? 아니면 내가 시후를 좋아하는 마음이 남아 있나? 도무지 알 수 없다. 나는 아빠가 사다 주신 치킨을 열심히 먹었다. 내가 닭다리 두 개를 다 먹어서 이로운이 짜증을 냈지만, 어쩔 수 없었다.

똑똑 맞춤법

핼쑥하다는 '얼굴이 마르고 핏기가 없다'라는 뜻이에요. 헬쑥하다는 틀린 맞춤법이지요. 핼쑥하다와 같은 뜻으로 '해쓱하다'도 쓸 수 있어요.

▪ 밤새 감기를 앓아서 얼굴이 핼쑥해졌다.
▪ 친구가 핼쑥한 얼굴로 교실에 들어왔다.

87

눈곱 VS 눈꼽

#봄이가_하고_싶은_말은? #보고_싶어요

이모 2

루아
이모, 요즘 봄이 눈에 자꾸 눈꼽이 껴.

이모
얼마나? 많이?

루아
음……. 코딱지만큼?

이모
루아도 자고 일어나면 눈곱이 끼잖아.
그것처럼 고양이도 눈곱이 생겨.
자연스러운 일이야.

루아
그런데 눈꼽이 아니라 눈곱이야?

이모
응!

루아
봄이가 이모한테 하고 싶은 말이 있대.

이모
무슨 말?

루아
이모 보고 싶어요. 엄마도 보고 싶어요.
우리 집에 놀러 와요. 🐱

이모
너무 귀엽다. ❤️
곧 놀러 가겠다고 전해 줘.

루아
알았어! 꼭 와야 해!

쉿! 루아의 마음 일기

봄이는 하루가 다르게 성장하고 있다. 이제 봄이가 내 배 위에 올라오면 "으윽" 소리가 저절로 나온다. 나는 가끔 이모한테 영상 통화를 거는데, 그때 봄이가 "야옹" 하면 화면 너머 뚜뚜도 "야옹" 한다. 그러면 나도 옆에서 "야옹야옹" 소리를 낸다.

 ! 똑똑 맞춤법

눈곱은 '눈'과 '곱'이 합쳐진 말이에요. '곱'은 '진득한 액체가 흘러나와 말라붙은 것'을 말해요. 눈꼽은 없는 말이에요.

▶ 나는 아침에 일어나면 눈곱부터 뗀다.
▶ 눈곱이 많이 생기면 안과에 가야 한다.

88

세계 VS 세게

#민준이의_멋진_꿈 #지구본의_비밀

★ 4-1 친구들 ★ 👤 10

민준
혹시 집에 **세계** 지도나 지구본 있는 사람?

윤오
갑자기 그건 왜?

우리 숙제 있었나?

도현
숙제 없는데…….

민준
나중에 크면 **세계** 여행 가고 싶어서

미리 찾아보려고!

루아
세게 여행? **세계** 여행 아니야?

유진
세계 정답!

미주
우리 집에 **세계** 지도가 있긴 한데 좀 작아.

예린
민준아, 우리 집에 엄청 큰 지구본 있어.

민준
진짜? 혹시 빌려줄 수 있어?

 예린
당연하지!
어디서 만날까?

루아
우예린, 뭔가 수상한데?

쉿! 루아의 마음 일기

민준이의 꿈은 바로 세계 여행자! 여행을 꿈으로 생각한 민준이가 대단하게 느껴졌다. 민준이와 한참 톡톡을 나누고 색종이를 사러 문구점에 갔는데 예린이와 딱 마주쳤다. 예린이는 지구본을 사러 왔다고 했다. 지구본도 없으면서 민준이에게 빌려주겠다고 말한 것이다. 엄청난 사랑이다!

똑똑 맞춤법

세계는 '세대 세(世)'와 '경계 계(界)' 두 한자로 이루어진 단어예요. '지구상에 있는 모든 나라'를 말하지요. '경계 계(界)'를 기억하면 세게라고 잘못 쓰는 일은 없을 거예요.

🔖 나는 세계에서 가장 행복한 어린이다.

🔖 환경 오염으로 전 세계가 힘들어하고 있다.

89 일일이 VS 일일히

#집사들의_평범한_대화 #오빠한테_딱_들켰다

로운 2

루아
오빠! 봄이한테 밥 얼마나 줬어?

로운
계량컵에 표시해 놓은 만큼.
부족하지 않게 잘 줬거든?

루아
그래? 이상하다.
봄이가 자꾸 배고파하는 것 같아.

로운
내가 알아서 잘 줬어.
너한테 일일이 다 보고해야 해?

루아
보고해 주면 좋지!
그리고 일일히 아니야?

로운
일일이가 맞거든.

루아
나도 알아.

로운: 거짓말하네!
너 잘못 알고 있던 거잖아.

루아: 쳇!
눈치는 빨라가지고!
그렇게 일일이 다 따져야겠어?

루아의 마음 일기

이제 봄이 없는 우리 가족은 상상할 수 없다. 이번 주말에는 엄마 아빠랑 캣 타워를 사러 가기로 했다. 캣 타워는 고양이가 높은 곳에 올라가 놀거나 쉴 수 있는 집이다. 봄이가 캣 타워에 올라가면 나를 내려다볼 수 있게 된다. 봄이가 높이 올라가서 내 머리를 쓰다듬어 주면 좋겠다.

똑똑 맞춤법

일일이는 '하나씩 하나씩, 이것저것 자세히'라는 뜻이에요. 비슷한 말로 '하나하나'가 있어요. 일일히는 틀린 맞춤법이에요.

▪ 나는 동전을 일일이 세어 보았다.
▪ 수학 선생님이 문제를 일일이 설명해 주셨다.

90

무난하다 VS 문안하다

#세상에_하나뿐인 #우정_아이템_만들기

♨ 영원한 삼총사 ♨ 👤 3

예린
어제 미주랑 수빈이 우정 반지 봤어?

루아
응! 어디서 샀대?

예린
미주네 언니가 인터넷으로 주문해 줬대.

루아
우리도 우정 반지 맞출까? 😍

예린
반지는 너무 **문안해**.
우리는 더 튀는 걸로 하자!

유진
나도 **무난한** 건 싫어.

루아
그래, 우리 삼총사가 **무난하면** 안 되지!

유진
그럼 팔찌 어때? 😊
우리가 색실을 꼬아서 직접 만들자!

루아
> 그럼 세상에 하나뿐인 팔찌가 되는 거네?
> 난 초록색으로 할래!

예린
> 나는 파란색!

유진
> 나는 노란색!

쉿! 루아의 마음 일기

　엄마한테 친구들과 팔찌를 만들기로 했다고 자랑했다. 그러자 엄마는 책상 서랍에서 색실을 꺼내 주셨다. 나는 너무 좋아서 비명을 질렀다. 사진을 찍어 유진이와 예린이에게 보냈더니, 내일 당장 학교에 가져오란다. 얼른 내일이 오면 좋겠다!

똑똑 맞춤법

무난하다는 '별로 어려움이 없다. 까다롭지 않다'라는 뜻이에요. '없을 무(無)'와 '어려울 난(難)'에서 나온 말이지요. 문안하다는 세상에 없는 말이에요.

▪ 1학기는 무난하게 흘러갔다.
▪ 겨울 잠바는 무난한 색깔로 골랐다.

91

굳이 VS 구지

#영원히_녹지_않을_빙하? #다시_친구가_될_수_있을까❶

시후 👤 2

시후
안녕, 이루아.

내가 톡톡 보내서 많이 놀랐으려나?

그날 일부러 져 준 거라며? 고마워.

구지 그럴 필요 없는데.

루아
김민세가 말해 줬어?

시후
응. 그런데 내가 맞춤법을 틀렸네.

구지가 아니라 굳이인데.

루아
사실 나도 알고 있었는데 굳이 말 안 했어.

시후
네가 진심으로 사과했는데

바로 못 받아 줘서 미안해.

루아
아, 아니야.

시후

엄마가 갑자기 부른다!

내일 다시 연락해도 돼?

루아

당연하지.

기다릴게!

쉿! 루아의 마음 일기

시후에게 연락이 와서 깜짝 놀랐다. 난 우리 사이가 영원히 녹지 않을 빙하라고 생각했다. 그래서 일부러 시후를 잊은 채 지냈는데…… 시후에게서 고맙고 미안하다는 톡톡이 오다니! 시후는 왜 내일 다시 연락하겠다고 한 걸까? 제발 다시 싸우자는 말만 아니었으면 좋겠다.

똑똑 맞춤법

굳이는 '고집을 부려 애써'라는 뜻이에요. 발음은 [구지]이지만 소리 나는 대로 적으면 안 돼요. 구지는 틀린 말이에요.

- 굳이 밖에서 놀지 말고, 우리 집에서 놀자.
- 편의점에 굳이 안 들러도 돼.

92

틀리다 VS 다르다

#진심이_통할_때 #다시_친구가_될_수_있을까❷

시후 👤 2

시후
안녕?

루아
안녕! 밥 먹었어? 🙂

시후
응.

어제 이야기를 다 못해서.

너희 학교 아이들에게 소문낸 거 미안해.

너에게 복수하면 속이 시원할 줄 알았어.

루아
사과받아 줄게.

시후
고마워. 내 생각이 **달랐어**.

루아
음……. 생각이 **틀렸다**가 아닐까?

시후
정말 **틀렸네**. 긴장했나 봐. 😅

루아
괜찮아. 나도 그래!
다음에 만나면 내 인사 받아 주라.

시후
너도 내 인사 꼭 받아 줘!

루아의 마음 일기

시후가 다시 한번 사과를 건넸다. 화장실에 낙서를 하고, 소문을 내서 미안하다고……. 어제 사과와는 또 달랐다. 마음속에 꽁꽁 얼어 있던 얼음이 녹아내리는 기분이었다. 나는 시후와 나눈 톡톡을 읽고 또 읽었다. 다음에 만나면 큰 소리로 정답게 인사해야지!

똑똑 맞춤법

틀리다와 다르다는 전혀 다른 의미를 가지고 있어요. 틀리다는 '셈이나 사실이 어긋나다, 방향이 꼬이다'라는 뜻이고, 다르다는 '비교가 되는 두 대상이 서로 같지 않다'라는 뜻이에요. 각 단어의 반대말을 생각하면 구분이 쉬워요. 틀리다의 반대말은 '맞다', 다르다의 반대말은 '똑같다'예요.

▪ 슈퍼에서 받은 거스름돈이 틀렸다.
▪ 오늘은 비가 와서 놀이터에서 놀기 틀렸다.
▪ 친구와 나는 혈액형이 다르다.
▪ 나는 어제와 다른 옷을 입었다.

93 움큼 VS 웅큼
94 통째로 VS 통채로

#나의_첫_요리 #나는_핫케이크_요리사

외할머니 2

루아
할머니, 나 어제 핫케이크 만들었어!

외할머니
우리 루아가 벌써 요리를?
대단한데? 👍

루아
핫케이크 가루 한 **웅큼**에
달걀 두 개를 **통채로** 넣고
우유를 부으면 핫케이크 반죽 완성이야!

외할머니
웅큼이 아니라 **움큼**!
통채로가 아니라 **통째로**! 😊

루아
헉, 너무 흥분해서 틀렸네.
어쨌든 다음에 내가 만들어 줄게!

외할머니
얘기만 들어도 벌써 맛있다.

쉿! 루아의 마음 일기

이로운은 혼자서 라면을 끓여 먹을 줄 안다. 반면 나는 아직 어려서 만들 수 있는 음식이 없다. 그래서 도전한 음식이 핫케이크다. (오빠가 만든 적 없는 요리를 해 보고 싶었다.) 아빠는 내 핫케이크를 한입 드시고는 디저트 가게를 열어도 될 정도라고 했다. 야호!

똑똑 맞춤법

움큼은 '손으로 한 줌 움켜쥘 만한 분량'을 말해요. 비슷한 단어로 '옴큼'이 있어요. **웅큼**은 틀린 맞춤법이에요.

▪ 나는 모래를 한 **움큼** 집었다.

▪ 동생은 배가 고픈지 과자를 한 **움큼** 집어서 먹었다.

통째로는 '나누지 않은 덩어리 전부'를 말해요. '그대로, 전부'를 뜻하는 '–째'가 들어간 말이지요. '–째'는 '껍질째, 뿌리째, 그릇째' 등으로 쓰여요. **통채로**는 틀린 맞춤법이에요.

▪ 수박을 **통째로** 썰어서 시원한 화채를 만들어 먹었다.

▪ 오븐에 통닭을 **통째로** 구웠다.

95 주웜 VS 주어

#봄이가_좋아하는_것들 #초콜릿은_내_거

민준 2

민준
너희 집에 놀러 갈 때 뭘 가지고 가면 좋을까?

루아
그냥 와도 돼!

민준
아니, 봄이한테 선물을 주고 싶어서.

루아
봄이는 빈 상자나 종이 가방을 좋아해.

민준
그럼 내가 빈 상자 **주어** 갈까?

루아
친구야, **주어** 올 수는 없어.
주워 오도록 해. 😊

민준
강시후랑 말싸움도 끝났는데
아직도 맞춤법이 중요해?

루아
당연히 중요하지! 우리말이잖아.

민준
쳇, 알았어. 그러면 상자 주워 갈게.

루아
그리고 초콜릿도 있으면 좋을 것 같아.

민준
엥? 봄이가 초콜릿도 먹어?

루아
내가 먹고 싶어서.

쉿! 루아의 마음 일기

오랜만에 우리 집에서 민준이와 게임을 하고 놀기로 했다. 그런데 민준이는 게임보다 봄이가 더 좋은가 보다. 봄이에게 주려고 종이 상자부터 간식, 향긋한 나뭇잎까지 가져왔다. 하지만 봄이는 눈길도 주지 않고 민준이의 발 냄새만 맡았다. 지난번도 그렇고, 봄이에게 민준이의 발 냄새는 특별한가 보다.

 ! 똑똑 맞춤법

주워는 바닥에 떨어진 것을 집을 때 쓰는 '줍다'가 변형된 말이에요. **주어**는 틀린 맞춤법이에요.

■ 나는 예쁜 단풍잎을 **주워서** 책갈피로 만들었다.
■ 쓰레기를 **주워** 쓰레기통에 버렸다.

96

걸음걸이 VS 걸음거리

#사랑하는_사이에만_알_수_있는_것들 #너무_신기해

♥ 우리 가족 ♥ 4

로운
엄마는 **걸음거리**로 아빠를 알아볼 수 있어?

루아
에이, 그걸로 어떻게 알아?

로운
사랑하는 사이는 알 수 있댔어.

엄마
당연히 알 수 있지!

아빠
그런데 **걸음거리**가 아니라 **걸음걸이** 아닐까?

루아
맞아, **걸음걸이**!

로운
그러면 엄마 아빠는 내 **걸음걸이**도 알아볼 수 있어?

엄마
그럼. 엄마는 로운이 발소리도 아는데? 😊

루아
그러면 내 **걸음걸이**는?

아빠: 당연히 알지.
루아 숨 쉬는 소리도 아는걸?

로운: 난 아빠 코 고는 소리 알아.

루아: 그건 우리 가족 다 알걸? 엄청 시끄러우니까!

쉿! 루아의 마음 일기

요즘은 나보다 이로운의 맞춤법이 더 엉망이다. 영어, 수학 공부를 시작해서 국어를 공부할 시간이 없다나 뭐라나? 그러면서 나한테 한 살이라도 어릴 때 맞춤법 공부를 끝내 놓으라고 했다. 듣다 보니까 이상했다. 오빠는 안 하면서 왜 나한테는 하라고 하지? 어쨌든 난 아직 4학년이라서 좋다. 열한 살을 마음껏 즐길 거다!

똑똑 맞춤법

걸음걸이는 '걸음을 걷는 모양새'를 말해요. 발음은 [거름거리]예요. 뒤의 발음이 [거리]라서 쓸 때 헷갈릴 수 있지만 걸음거리는 없는 단어예요.

▶ 사람마다 걸음걸이가 다르다.

▶ 화장실을 다녀온 뒤 걸음걸이가 가벼워졌다.

97

꺼림직하다 VS 거림직하다

#친구의_빈자리 #유통_기한을_꼭_확인하자

예린 2

루아
예린아, 많이 아파?

예린
응, 주사도 맞았어…….

우유를 마실 때부터 뭔가 **거림직했어**.

루아
오래된 우유였나?

예린
응, 내 방 책상 위에 며칠 있었거든.

루아
으악, 상했나 봐!
그런데 그냥 넘어가기 **꺼림직해서** 말할게.

예린
뭐를?

루아
거림직하다가 아니라
꺼림직하다일걸?

예린
그래? 알려 줘서 고마워.

루아
이제 꺼림직한 음식은 먹지 않기로 약속!

쉿! 루아의 마음 일기

　오늘 예린이는 배탈이 나서 학교를 결석했다. 유진이와 나는 수업 시간 내내 예린이 자리만 쳐다보았다. 친구의 빈자리가 이렇게 크다니……. 얼른 예린이가 나았으면 좋겠다.

똑똑 맞춤법

꺼림직하다는 '마음에 걸려서 언짢고 싫은 느낌이 있다'라는 뜻이에요. 비슷한 말로 '꺼림칙하다, 께름직하다, 께름칙하다'가 있어요. 거림직하다는 틀린 맞춤법이에요.

▶ 공포 영화를 보면 괜히 꺼림직한 기분이 들어.

▶ 불이 꺼진 빈집에 들어가면 꺼림직하고 무서워.

98

처지다 VS 쳐지다

#오늘따라_선생님이_지쳐_보여 #그_이유는?

★ 4-1 친구들 ★ 👤 10

유진
오늘 담임 선생님이 좀 힘들어 보이셨어.

현호
맞아. 어깨도 좀 **쳐져** 보이셨어.

루아
나도 느꼈어. 😟

수빈
우리가 너무 떠들었나? 좀 시끄럽긴 했지.

민준
현호야, **쳐지다**가 아니라 **처지다**야.

루아
민준이가 맞춤법을 알려 주니까 이상한데?

예린
멋지다, 멋져! 🙂

유진
그런데 말이야.
오늘 민준이가 수업하지 말고
놀자고 우겨서 선생님이 힘드셨던 게 아닐까?

수빈
나도 그 이유 때문이라고 생각해.

오늘 이민준의 장난이 좀 심했어.

민준
헉.

나 때문이라고?

선생님께 너무 죄송하다.

루아의 마음 일기

오늘따라 담임 선생님이 힘들어 보이셨다. 정말 유진이의 말이 맞는 것 같다. 민준이가 평소보다 더 까불었으니까....... 민준이는 내일 학교에 가자마자 선생님께 죄송하다고 말하겠다고 했다. 부디 내일은 선생님이 활짝 웃으셨으면 좋겠다. 그래야 우리 4학년 1반 교실이 환해질 수 있다!

똑똑 맞춤법

처지다는 '위에서 아래로 축 늘어지다'라는 뜻이에요. '처져, 처진, 처지니' 등으로 바뀌어 쓰이지요. **쳐지다**는 틀린 말이에요.

🟪 나는 아빠를 닮아서 눈썹이 축 **처졌다**.

🟪 비가 오는 날은 왠지 기분이 **처진다**.

99

넓적하다 VS 넙적하다

#유진이를_도와준_강시후? #갑자기_잡힌_약속

♨ 영원한 삼총사 ♨ 👤 3

유진
오늘 강시후가 날 구해 줬어.

루아
시후가?
무슨 일 있었어?

유진
태권도장 다니는 2학년 애들이
내 이마 **넙적하다**고 놀렸거든.

예린
넓적하다 아니야?

유진
너무 화가 난 상태라 틀린 줄도 몰랐네.
아무튼 강시후가 나타나서
애들한테 뭐라고 해 줬어.

예린
오, 강시후 멋지다!
근데 나도 이제 맞춤법 잘 알지?

루아

> 응, 우예린 최고!
>
> 그리고 유진아, 너 이마 하나도 안 넙적해.

유진

> 역시 삼총사밖에 없어. ♥
>
> 어쨌든 강시후한테 고맙다는 의미로
>
> 맛있는 음식 사 주기로 했어!

쉿! 루아의 마음 일기

이번 주말에 유진이와 시후가 만난다고 한다. 유진이는 나도 함께 가자고 했다. 이렇게 갑자기 시후와 만나게 되다니! 지난번 톡톡 이후 시후를 마주한 적은 없어서 조금씩 떨리기 시작한다. 걱정도 된다. 우리가 다시 싸울 일은 없겠지만, 혹시 어색할까 봐……. 괜찮겠지? 괜찮을 거야! 괜찮았으면 좋겠다.

똑똑 맞춤법

넓적하다는 '넓다'가 변형된 말로 '편편하고 얇고 꽤 넓다'라는 의미예요. 그러니 '넓'이 없으면 안 돼요. 넙적하다는 없는 말이에요.

- ▪ <u>넓적한</u> 쟁반에 포도를 담았다.
- ▪ 나는 송편을 <u>넓적하게</u> 빚었다.

100 희한하다 vs 희안하다

🔍 #심장이_콩닥콩닥 #우리_이제_만나도_될까?

시후 👥 2

시후
루아야, 나 내일 채유진 만나기로 했어.

루아
유진이한테 이야기 들었어!

시후
너도 나올래? 좀 쑥스럽다. 😊

루아
안 그래도 유진이도 나한테 물어봤는데…….
나도 괜히 쑥스럽다.
얼마 전까지 너와 싸웠는데
이렇게 되다니 희안하네.

시후
희안하다가 아니라 희한하다야…….

루아
앗, 나의 실수!

시후
내일 나올 거지? 😊

루아
응!

시후
민세도 나온다고 했어.
우리 같이 놀자.

루아
알았어! 그럼 내일 봐! 😊

쉿!! 루아의 마음 일기

시후에게 생각지도 못한 톡톡을 받았다. 나는 거실로 나가서 잠자는 봄이를 껴안았다. 봄이에게 "봄아, 드디어 내일 시후를 만나."라고 말하니까 봄이가 그르릉거렸다. 그러더니 갑자기 내 손을 핥았다. 내일 시후랑 재미있게 놀 수 있을 거라고 나를 응원해 주는 것 같았다.

똑똑 맞춤법

희한하다는 '매우 드물거나 신기하다'라는 뜻이에요. '희한히, 희한스레, 희한스럽다' 등으로 쓸 수 있어요. 희안하다는 틀린 맞춤법이에요.

▶ 아침 여섯 시에 눈이 떠지다니 참 희한하다.

▶ 세상에는 희한한 일들이 많이 벌어진다.

봄바람이 살랑살랑

* 만화 속 틀린 맞춤법을 모두 찾아보아요.